예수가 그 성전이다

예수가 그 성전이다

한의택 지음

머리말

  목사는 하나님의 소명에 의한 사명으로 하는 일이다. 그 일은 필수적으로 3가지 요건을 갖추어야 하는데 영력과 지력과 체력이다.
  영력은 성경에 대한 깊은 묵상과 기도에서 나오며, 지력은 많은 책을 읽어야 하고, 체력은 운동을 하여야 한다.
  이 3가지 중에 하나라도 미숙하면 바른 목회가 되지 않는다. 뿐만 아니라 이 세 가지는 다 시간을 소요로 하고 있다. 시간에 쫓기면서도 성경을 읽고 기도하는 일에 전념하여야 하며 꾸준히 책을 읽어야 하는 부담감은 매주일 마다 생명력 있는 메시지로 연결된다. 뿐만 아니라 사랑의 실천과 섬김이 몸에 훈련되지 않으면 녹슬거나 무디어진 검을 들고 싸움터에 나가는 병사와 같다.

  아무리 지능이 뛰어난 사람이라도 성경을 한번 읽고 그 본래의 의미를 다 깨달을 수 있는 사람은 아무도 없다. 또, 성경을 한 번 읽었을 때에 깨달은 것과 10번 읽은 후에 깨달은 경지는 다를 것이다. 성경은 성령의 감동을 입은 사람들에 의하여 기록되어진 말씀이고 우리는 성경 저자가 받은 영감 수준에 미치지 못하기 때문이다.

사복음서가 다 특징이 있지만, 요한복음은 다른 복음서에서 기록하지 않은 깊은 진리가 있다. 예수님의 제자 요한은 마태가 기록한 마태복음을 다 읽어보았고, 마가가 기록한 마가복음과 누가가 기록한 누가복음을 다 보았다. 그런데 무엇인가 부족한 것이 있다고 깨닫고 붓을 들어 요한복음을 기록하였다. 그러므로 이 요한복음은 처음 읽으면 어렵다는 것이고 진리를 바로 아는 사람은 흙에서 진주를 발견한 듯 심오한 진리를 기뻐한다.

사도 요한이 요한복음을 기록한 목적은 이렇게 언급했다.

"...오직 이것을 기록함은 너희로 예수께서 하나님의 아들 그리스도이심을 믿게 하려 함이요 또 너희로 믿고 그 이름을 힘입어 생명을 얻게 하려 함이니라"(요 20:30-31).

요한복음을 기록하는 목적이 첫째는 예수 그리스도가 하나님의 아들 그리스도 되심을 믿게 함이고, 두 번째는 그 이름을 힘입어 생명을 얻게 함이라 했다. 요한복음을 읽고 믿는 자가 되고 생명을 얻는 자리까지 가야 한다.

설교학에서 보면 설교는 위로하는 설교와 격려하는 설교가 있다. 성도들은 일주일 내내 사회에서 피곤한 삶을 살다가 주일이면 교회에 온다. 교회에 와서 이제 위로받는 설교를 듣기 원한다. 예수 믿으면 복 받는다는 들기 좋은 설교를 듣고 싶다. 하나님은 사랑이며 누구든지 예수 믿으면 구원을 받고 천국 갈 수 있다는 설교를 듣기 원한다. 그러나 죄와 지옥 같은 것을 설교하면 거부감이 생긴다. 그러나 설교의 사명이 귀만 즐겁게 하는 듣기 좋은 설교만 한다면 구원에 이를 수 없는 결론에 이르게 된다. 믿기는 믿었는데 결국 심판 때에 슬피 울 수밖에 없다.

예수 믿고 죄에 대한 아픔을 깨달아야 한다. 삶에서 나를 희생시키고 헌신하는 사랑이 실천되어야 한다. 일주일 내내 세상 욕망을 좇아 살다가 교회 와서 위로와 격려만을 받고 돌아가겠다면 영혼의 문제가 심각해진다. 예수는 믿었는데 구원에서 낙오될 수도 있다는 것이다.

아무쪼록 요한복음과 더불어 이 책이 믿음과 영생을 얻는 데 도움이 되기를 바라는 바이다.

한의택

차 례

1. '다바르'(Dabar)와 '로고스'(Logos)신학   14

2. 혼돈에서 질서로   24

3. 은혜와 진리로 구원받는다   34

4. 여자여, 나와 무슨 상관이 있나이까?   48

5. 예수가 그 성전이다   62

6. 네가 낫고자 하느냐   82

7. 인자의 살을 먹고 인자의 피를 마시라   94

8. 다시는 죄를 짓지 말라   104

9. 실로암   118

10. 나는 부활이요 생명이다   134

11. 인자(人子)의 껍질을 깨고 보니 하나님의 본체이였다   146

12. 거듭남 이후에 짓는 죄   160

13. 너희에게 유익이라   172

14. 내가 목마르다   184

15. 생명의 부활과 심판의 부활   196

16. 하나님이 우리를 부르는 호칭   210

17. 너희가 뉘 죄든지 사하면 사하여질 것이요   226

18. 사랑은 끝까지 포기하지 않는다   230

1

'다바르'(Dabar)와 '로고스'(Logos) 신학

chapter 1
'다바르'(Dabar)와 '로고스'(Logos) 신학

"태초에 말씀이 계시니라 이 말씀이 하나님과 함께 계셨으니 이 말씀은 곧 하나님이시니라"(요 1:1).

옛날 헬라 철학자들은 만물의 근원이 무엇인가를 열심히 연구했다. 그래서 그 근원이 되는 것은 불이라고 한 사람도 있고 물이라고 한 사람도 있었다.

사도 요한은 만물의 근원이 불이나 물이 아니고 만물의 근원은 말씀 곧 '로고스'라고 하였다.

"태초에 말씀이 계시니라."

태초부터 계신 그 말씀이 하나님이었고, 그 말씀이 창조자 이었으며, 그 말씀이 육신을 입고 세상에 왔다고 하였다.

구약 성경은 히브리어로 기록되어졌고 신약 성경은 헬라어로 기록되어졌다. 말씀인 '다바르'(Dabar)는 히브리어이고 헬라어로는 '로고스'(Logos)이다.

"태초에 말씀이 계시니라."

히브리어로는 태초에 다바르가 계시었고, 헬라어로는 태초에 로고스가 계시었다. 중국어 성경은 태초에 도(道)가 존재하였고, 영어 성경은 태초에 워드(Word)가 있었다. 한국어 성경은 태초에 '말씀'이 계셨다고 번역하였다.

요한복음은 태초에 로고스가 존재하였다는 로고스 기독론에서부터 생명의 말씀이 전개되어 진다.

예수님이 부활 승천하신 후 30년 정도 지나자 기독교가 유대의 지경을 넘어서 소아시아와 그리스, 로마에까지 전파되기 시작했다. 복음은 유대인을 넘어 이방인들까지 예수를 믿고 기독교인이 되었던 것이다.

이방인 헬라인들은 '메시아' 또는 '구세주'라는 말을 거의 들어 본 적이 없는 사람들이었다. 에베소 지역에서 활동하던 요한은 헬라 문화에 젖어 사는 이방인들에게 예수가 곧 하나님이라는 사실을 어떻게 이해시킬 수 있을까 고민하였다. 그는 예수 그리스도가 태초부터 존재하는 하나님이요 창조주 되심을 증거 할 수 있는 언어가 무엇인가 고민하다가 '로고스'라는 단어를 등장시켰다.

유대인들이 이해하는 말씀 곧 '다바르'(dabar),는 단순한 소리나 언어가 아니었다. 유대인들에게 '다바르'(dabar), '말씀'은 창조력이 있고, 생명이 있고, 지혜가 내포되어 있었다. 단순한 언어가 아닌 생명을 창조할 뿐만 아니라 생명을 살리는 놀라운 힘을 내포하고 있었다.
유대인들은 하나님께서 우주 만물을 창조하신 창조주 하나님과 말씀을 동격으로 이해하였다.

창세기 1장에서 천지창조의 장엄한 사건이 전개된다. '하나님이 이르시되' 하면 그 이르신 말씀대로 우주가 생기고 생명이 탄생하고 그 말씀대로 이뤄졌다.

창세기 27장에 보면 이삭이 하는 말 한마디의 축복을 차지하기 위하여 이삭의 아들 에서와 야곱이 경쟁을 하는 장면이 나온다.
이삭은 나이 많아 눈이 어두워져 사물을 분간할 수가 없었다. 이삭은 장자인 에서를 불러서 이렇게 말했다.

"너는 사냥을 하여서 내가 즐기는 별미를 만들어 내게로 가져와서 먹게 하여 내가 죽기 전에 내 마음껏 네게 축복하게 하라"

에서가 사냥을 나간 사이에 이삭의 아내 리브가는 에서의 동생 야곱을 불러서 염소 우리에서 염소를 잡아서 이삭이 좋아하는 특별 요리를 만들었고 야곱에게 아버지 이삭의 축복을 받으라고 일러주었다.

"너의 아버지가 에서에게 말하기를 사냥한 고기의 별미를 먹고 **여호와 앞에서** 너에게 축복하게 하라 하였다. 네가 그것을 만들어 아버지께 갖다 드리고 네게 축복하게 하라"(창 27:7).

"여호와 앞에서 너에게 축복하게 하라"

여호와 앞에서 아버지의 말 한마디는 그대로 성취되는 것이다. 야곱은 그 아버지의 약속 있는 말 한마디의 축복을 받아내기 위하여 형을 따돌리고 아버지 이삭 앞에서 하나님의 이름으로 거짓말을 하면서까지 아버지로부터 축복을 받았다. 야곱의 이런 행위가 정당하다는 것은 아니다. 그러나 야곱은 아버지 이삭의 말이 하나님의 말씀과 같은 영적 권위가 있고 그 말씀대로 이뤄지는 것을 믿고 있었기에 그 믿음에서 행위가 나온 것이었다.

야곱은 왜 그렇게까지 형을 따돌리고 아버지가 선언하는 축복을 받으려고 했을까?

아버지의 약속 있는 말 한마디에는 창조가 있고 지혜가 있고 능력이 있다. 그 약속을 받느냐 못 받느냐에 따라 미래가 달라진다는 것을 알고 있었기 때문이다.

성경은 하나님의 말씀과 하나님을 동일시하고 있다.

"여호와의 말씀으로 하늘이 지음이 되었으며 그 만상이 그 입 기운으로 이루었도다"(시 33:6).

"하나님께서 말씀을 보내어 저희를 고치사 위경에서 건지시는도다"(시 107:20).

하나님이 말씀으로 하늘을 지으시고 하나님은 말씀을 보내어서 저희의 병든 것을 고치시고 구원하신다.

"나 여호와가 말하노라 내 말이 불같지 아니하냐 반석을 쳐서 부스러뜨리는 방망이 같지 아니하냐"(렘 23:29).

하나님의 말씀은 불과 같다. 그 말씀이 내 안에 죄를 소멸시킨다. 하나님의 말씀은 방망이같이 마음을 두들겨서 이 죄를 어찌할꼬 하는 회개의 영으로 역사한다. 또 말씀은 지혜가 내포되어 있는데 이는 철학적인 지혜가 아니라 일상생활 속에서 얻게 되는 실천적인 지혜이다.

"지혜는 그 얻은 자에게 생명나무라 지혜를 가진 자는 복되도다. 여호와께서는 지혜로 땅을 세우셨으며 명철로 하늘을 굳게 펴셨고"(잠 3:18-19).

유대인들에게 지혜는 빛과 생명을 주는 힘이 있었으며, 영원히 존재하는 하나님의 속성이었다.

요한이 고민했던 것은 이와 같은 창조주와 동격인 '다바르'의 개념이 없는 희랍인들에게 창조주 되시는 예수님을 어떻게 전달할까 하는 것이었다. 그런데 요한은 희랍인들의 사고방식 가운데 유대인들이 즐겨 사용하던 '말씀'이나 '생명', '지혜'로 계시 된 히브리어 '다바르'에 상응하는 단어가 하나 있음을 발견했다. 그 단어가 '로고스'이였다.

하나님은 말씀으로 존재하시고 말씀에는 생명이 있고 말씀은 능력이고, 말씀과 창조주는 하나이고, 말씀 안에 지혜가 있다.

하나님의 말씀은 단순한 소리로 울려 나는 음성(音聲)이 아니라 우주 만물을 창조하시고 사람에게 생명과 빛을 주어서 살리고 새롭게 하는 위대한 능력을 가진 말씀이었다. 또 어둠과 죄악을 몰아내고 빛과 구원을 가져다 주는 하나님의 선물이 바로 말씀이었던 것이다.

학자들은 요한이 요한복음을 에베소에서 썼다고 본다. 에베소 지역에서 활동했던 헤라클리투스(Heraclitus)라는 유명한 희랍 철학자 한 사람이 있었다. 이 사람이 주전 560년경부터 '로고스'라는 말을 사용하기 시작했다.

헤라클리투스는 온 세상 만물이 끝없이 움직이는 것으로 깨달았다. 이를 입증하기 위하여 사용한 유명한 예화가 있다. 사람이 똑같은 강물에 두 번

빠지는 것은 불가능하다고 했다.

한 사람이 강물에 빠졌다가 나왔다. 그리고 다시 두 번째로 그 강물에 빠졌다. 그런데 두 번째로 빠진 강물은 첫 번째 강물과 다르다는 것이다. 왜냐하면 첫 번째 강물은 계속 흘러 이미 다른 곳으로 갔기에 두 번째 빠질 때에는 똑같은 강물이 아닌 다른 강물 속에 들어갈 수밖에 없다는 것이다. 그러면 만물이 왜 이같이 끝없는 변화와 순환 속에 있는 것일까?

헤라클리투스는 만물이 끝없는 유동성 속에 놓여 있는 것이 우연이 아니라 배후에서 역사하는 어떤 궁극적 힘 때문이라고 믿었다. 바로 그 힘이 '로고스'라고 보았던 것이다.

헤라클리투스 이후 희랍 사람들은 로고스가 만물의 에너지와 생명이 된다고 보았다. 그러므로 희랍인들에게 '로고스'는 하나님의 말씀이나 지혜와 꼭 같은 의미를 가진 것이었다.

요한은 희랍인들이 이해하고 있는 로고스가 육신을 입고 이 땅에 오신 예수 그리스도라고 하였다. 로고스가 무엇인지 잘 알고 있었던 희랍인들이 예수님을 쉽게 이해할 수 있게 되었다.

요한은 '로고스가 육신이 되었다'고 했다.

만물을 움직이고 만물에 생명력과 지혜를 부여하는 로고스가 육신을 입은 예수님 속에 그대로 나타났다고 본 것이다.

예수님은 만물의 근원이요 생명이요 지혜의 근본이신 분, 곧 로고스가 육신을 입고 이 세상에 오신 분이었다.

"태초에 말씀이 계시니라 이 말씀이 하나님과 함께 계셨으니 이 말씀은 곧 하나님이시니라 그가 태초에 하나님과 함께 계셨고 만물이 그로 말미암아 지은 바 되었으니 지은 것이 하나도 그가 없이는 된 것이 없느니라 그 안에 생명이 있었으니 이 생명은 사람들의 빛이라 빛이 어두움에 비취되 어두움이 깨닫지 못하더라"(요 1:-5).

요한은 말씀과 예수를 동격으로 이해하였다.
"**태초에 말씀이 계셨다**"에서 '이'는 국문학에서 토씨인데 주격 조사이다. 현대어로 고치면 '가'로 고칠 수 있다.
"그가 태초에 하나님과 함께 계셨고" 그는 예수이다.

그러면 수학에서 사용하는 대입법을 사용해서 그는 예수로 대입하고 말씀도 예수로 대입해서 읽으면 예수가 곧 창조주 하나님 이라는 것을 쉽게 이해할 수 있어 진다.

"태초에 **예수가** 계시니라 이 **예수가** 하나님과 함께 계셨으니 이 **예수는** 곧 하나님이시니라 **예수가** 태초에 하나님과 함께 계셨고 만물이 **예수로** 말미암아 지은 바 되었으니 지은 것이 하나도 **예수가** 없이는 된 것이 없느니라 **예수** 안에 생명이 있었으니 이 생명은 사람들의 빛이라 빛이 어두움에 비취되 어두움이 깨닫지 못하더라"(요 1:1-5).

2

혼돈에서 질서로

chapter 2
혼돈에서 질서로

"태초에 말씀이 계시니라 이 말씀이 하나님과 함께 계셨으니 이 말씀은 곧 하나님이시니라 그가 태초에 하나님과 함께 계셨고 만물이 그로 말미암아 지은 바 되었으니 지은 것이 하나도 그가 없이는 된 것이 없느니라 그 안에 생명이 있었으니 이 생명은 사람들의 빛이라 빛이 어두움에 비취되 어두움이 깨닫지 못하더라"(요 1:1-5).

사도 요한이 요한복음을 기록한 목적은 이렇게 언급했다

"예수께서 제자들 앞에서 이 책에 기록되지 아니한 다른 표적도 많이 행하셨으나 오직 이것을 기록함은 너희로 <u>예수께서 하나님의 아들 그리스도이심을 믿게 하려 함이요</u> 또 너희로 믿고 그 이름을 힘입어 생명을 얻게 하려 함이니라"(요 20:30-31).

요한복음을 기록하는 목적이 첫째는 예수 그리스도가 하나님의 아들 그리스도 되심을 믿게 함이고, 두 번째는 그 이름을 힘입어 생명을 얻게 하려 함이라 했다.

예수를 믿는 자는 생명을 얻는 자리까지 가야 한다. 예수를 믿는데 영생을 얻는 생명에 까지 이르지 못한다면 그처럼 억울한 일이 없고 그처럼 어리석은 일이 없을 것이다.

설교학에서 보면 설교는 위로하는 설교와 격려하는 설교가 있다. 성도들은 일주일 내내 사회에서 피곤한 삶을 살다가 주일이면 교회에 온다. 교회 와서 이제 위로받는 설교를 듣기 원한다. 예수 믿으면 복 받는다는 듣기 좋은 설교를 듣고 싶다. 하나님은 사랑이며 누구든지 예수 믿으면 구원을 받고 천국 갈 수 있다는 설교를 듣기 원한다. 그러나 죄와 지옥 같은 것을 설교하면 거부감이 생긴다. 그러나 설교의 사명이 귀만 즐겁게 하는 듣기 좋은 설교만 한다면 구원에 이를 수 없는 결론에 이르게 된다. 믿기는 믿었는데 결국 심판 때에 슬피 울 수밖에 없다.

예수 믿고 죄에 대한 아픔을 깨달아야 한다. 삶에서 나를 희생시키고 헌신하는 사랑이 실천되어야 한다. 일주일 내내 세상 욕망을 좇아 살다가 교회 와서 위로와 격려만을 받고 돌아가겠다면 영혼의 문제가 심각해진다. 예수는 믿었는데 구원에서 낙오될 수도 있다는 것이다.

"태초에 말씀이 계셨으니 이 말씀은 곧 하나님이시니라"(요 1:1).

예수는 영원 전부터 말씀으로 존재하신 하나님이시다.
오늘날 여호와 중인의 시조라고 말할 수 있는 아리우스는 예수와 하나님을 나누고 예수는 하나님보다 낮은 존재라고 했다. 여호와 중인에서는 예수는 하나님으로부터 유출된 존재로서 여호와가 참 하나님이고 예수는 피조된 존재로 사람 중에 먼저난 자로 믿는다. 이런 설을 주장하는 사람을 아리우스주의(Arianism)라고 한다. 이들은 창조주요 전능자인 예수를 여호와 하나님으로부터 유출된 피조물로 믿으니 그들은 구원받을 수 없다.

예수는 정신병자가인가? 아니면 하나님이신가?

예수님은 유대인들에게 이렇게 말했다.

"너희 조상 아브라함이 나기 전부터 내가 있느니라"(요 8:58).

내가 아는 지인 중에 박씨 성을 가진 분이 있는데 그분은 박씨 가문의 조상 박혁거세의 56대 자손이라고 긍지를 가지고 이야기하였다. 그런데 내가 그분에게 '나는 너희 조상 박혁거세가 나기 전부터 있느니라.' 하였다면 나는 그분에게 정신병자 취급을 받았을 것이다. 그런데 예수님이 이런 말을 했다.

아브라함은 유대인들뿐만 아니라 아랍인들과 모든 믿는 자들의 조상이다. 유대인들은 예수에게 '너는 사마리아 사람이고 귀신 들렸다고' 힐난했다. 그리고 '네가 아직 오십도 못되었는데 아브라함을 보았느냐?'고 했다.

"예수께서 가라사대 진실로 진실로 너희에게 이르노니 아브라함이 나기 전부터 내가 있느니라"(요 8:58).

예수님은 이 말은 거짓이 아니라 진실이라고 두 번이나 강조해서 말했다. "저희가 돌을 들어 치려 하자 예수께서 숨어 성전에서 나가시니라" 예수는 정신병자이든지 아니면 그 분은 태초부터 계신 하나님이시다.

여러분이 그 분을 어떻게 믿든 예수는 하나님이시다. 믿고 그분을 경외하든지, 예수는 정신병자이였다 하고 교회를 떠나든지 그것은 여러분의 선택에 달려있다. 또 예수님은 이렇게 말씀했다.

"나와 아버지는 하나이니라"(요 10:30).

빌립이라는 제자가 아버지를 보여달라고 했을 적에 예수님은 이렇게 대답했다.

"나를 본 자는 아버지를 보았다"(요 14:9).

아버지와 나는 결코 둘로 나눌 수 없는 하나라는 것이다. 아버지 따로, 아들 따로, 성령 따로 구분하여 삼신론을 만들지 말라는 것이다. 하나님은 한 분이시다. 결코 하나님은 세 분이 아니라 성부와 성자와 성령이 한 분 하나님이시다.

이어령 교수가 쓴 『빵으로만은 살 수 없다』라는 책에서 삼위일체 하나님을 '가위바위보'로 이렇게 설명하였다.

"하나님은 삼위일체라 여러 속성이 있습니다. 가위바위보처럼 말입니다. 사실 가위바위보가 어디 있어요? 없습니다. 한 손 안에서 가위와 바위와 보가 한데 어우러져 있는 것이지요. 따로 존재하는 것이 아니라는 것입니다. 합쳐서 가위바위보라야 순환이 이뤄집니다. 그것처럼 삼위일체라는 것도 따로따로 존재하는 독립체가 아닙니다. 펴고 주먹 쥐고 같은 손인데도 작용에 의해서 세계의 다른 특성을 지닌 주먹과 보자기 그리고 가위로 제각기 움직이는 거죠"

하나님은 인격이 구분 된 세 분 하나님이 아니라 한 분 하나님은 가위바위보로 설명이 된다. 한 분 하나님 안에 아버지로서 속성이 있고 아들로서 사역이 있고 성령으로서 역사함이 있는 것이다. 가위바위보가 다 한 손안에서 나타나는 것이다. 그러나 가위바위보가 한 손안에 있지만, 가위와 바위가 동시에 나타날 수가 없다. 그러면 역사적으로 이단으로 정죄 받은 양태론적 삼위일체가 된다. 하나님은 성부와 성자 성령의 사역이 동시에 나타날 수 있는 전능하시고 무재부재하신 한 분 하나님이시다.

요한은 태초에 말씀이 계셨는데 이 말씀은 곧 하나님이라 하셨고, 만물이 그로 말미암아 창조되었다고 하였다. 시작의 책이라 불리는 창세기는 태초에 하나님이 천지를 창조하셨는데 그 장엄한 천지창조가 말씀으로 이뤄진다.

창 1:1 태초에 하나님이 천지를 창조하시니라 2 땅이 혼돈하고 공허하며 흑암이 깊음 위에 있고 하나님의 신(神)은 수면에 운행 하시니라 3 하나님이 이르시되 빛이 있으라 하시매 빛이 있었고 6 하나님이 이르시되 물 가운데 궁창이 있어 물과 물로 나 뉘게 하리라 하시고 9 하나님이 이르시되 천하의 물이 한곳으로 모이고 뭍이 드러나라 하시매 그대로 되니라

창세기 1장에는 '이르시되'라는 말이 11번 나온다.
하나님이 천지를 창조하시기 전에는 땅이 혼돈하고 공허하며 흑암이 깊음 위에 있었다. 우주는 무질서와 혼돈 속에 있었는데 하나님이 빛이 있으

라 말씀하시니까 빛이 나타났고, 광명이 있으라 하니까 하늘에 해와 달과 별들이 나타났다. 혼돈과 공허함에 말씀이 임하니 혼돈과 무질서가 사라지고 말씀대로 우주가 지어지고 우주는 질서 안에 존재하게 되었다. 모든 천체가 질서 안에서 궤도를 돌고 운행되어 진다.

히브리서 기자는 "믿음으로 모든 세계가 하나님의 말씀으로 지어진 줄을 우리가 안다"고 했다.(히 11:3)

지금도 하나님의 창조는 계속되고 있다. 이 세상은 혼돈과 무질서와 공허이다. 혼돈과 무질서와 공허에 말씀이 임하면 질서 안으로 들어온다는 것이다.

오늘날 미국의 학교가 더 이상 학생들을 지켜줄 수 없는 곳으로 인식이 되어있다. 학교 안에서 도적질, 환각제, 마약, 임신, 패싸움, 낙태, 성병, 이런 문제가 있다는 것 다 알고 있다.

학교 안에 있는 혼돈과 무질서와 공허를 무엇으로 해결할 수 있는가?

내 자녀들 속에 있는 혼돈과 무질서와 공허를 어떻게 해결할 수 있는가?

답은 말씀이 들어와야 질서로 돌아온다. 그 일을 학교가 감당하지 못하고 있다. 교회가 그 일을 감당하여야 하는데 역부족이다. 문제의 해결은 부모이든 목사이든 선생이든 자녀들의 마음에 하나님의 말씀이 임하도록 하여야 혼돈과 무질서가 질서 안으로 들어온다.

여러분 안에는 혼돈이 없는가?

내 마음속에 있는 돈에 대한 갈망,

세상을 바라보는 향락적인 눈,

저급한 가치관,

천국과 지옥이 실존한다고 외쳐도 반응이 없는 무디어진 가슴,

이런 것들로 내 마음은 가득 차 있고 혼돈 안에 있다.

모든 것이 어두움이다.

혼돈과 무질서와 방황과 암울한 내 안에

'하나님이 이르시되'

말씀이 있어야 한다.

태초에 말씀으로 존재하신 예수가 내 안에 들어와야 한다.

   어느 사업하는 한국인 장로님이 흑인을 고용하였다. 흑인은 성실하였고 주인을 신뢰하고 열심히 일하였다. 흑인은 주인인 한국 사람을 좋아했고 주인에게 나에게 한국식 이름을 지어달라고 했다.

   주인은 그 흑인에게 한국식 이름을 지어주었는데 '연탄'이라고 지어주었다. 이 흑인은 다른 한국 사람들에게 자랑삼아 이야기 했다.

   "나의 한국 이름은 연탄입니다. 연탄이라고 불러주세요."

   나중에 이 흑인이 그 이름의 의미를 알고 얼마나 한국 사람에 대하여서 분노와 실망감을 느꼈을까!

예수 믿어도 말씀이 없는 가슴은 공허하고 무가치한 것뿐이다.
이러한 공허와 혼돈과 무질서 안에 하나님은 말씀으로 찾아오신다.

말씀이 임하고
말씀대로 이뤄진 세상은
하나님 보시기에 좋았다.

혼돈과 무질서
저급한 가치관
빛이 없는 어둠
사랑이 없는 무정함과 냉혹한 비판
그 안에
생명이요 빛이요
말씀으로 오신 예수가
들어와야 한다.

3

은혜와 진리로 구원받는다

chapter 3
은혜와 진리로 구원받는다

"말씀이 육신이 되어 우리 가운데 거하시매 우리가 그 영광을 보니 아버지의 독생자의 영광이요 은혜와 진리가 충만하더라"(요 1:14).

사람에게 영이 있는데 그 영의 상태가 사람마다 다르다.

죽은 영이 있다.

하나님을 믿지 않는 사람의 영은 하나님과 관계가 단절된 죽은 영이라고 부른다.

잠자는 영이 있다.

하나님과 관계는 이어졌는데 깨어 있지 않고 잠자고 있는 상태이다. 잠자는 영은 죽은 영과 다름이 없다.

졸고 있는 영이 있다.

졸고 있는 영은 수시로 원수가 들어와서 말씀을 놓치게 하고 기도의 줄을 놓치게 한다.

기도하는 사람들은 가끔 졸고 있는 자기 영을 체험한다.

기도를 하는 중에 내게 잡념이 들어와서 중언부언하기도 하고 때로는 졸기도 한다. 피곤해서 조는 것만은 아니다. 마귀는 영물이라서 이 사람의 기도가 하늘에 상달될 것을 안다. 그래서 마귀가 먼저 찾아와서 잡념을 넣어서 중언부언하게 하고 졸게 하여서 그 기도가 하나님 보좌에 상달되지 못하게 방해하는 것이다. 그때는 예수 이름으로 마귀를 물리치고 기도의 줄을 잡아야 한다.

깨어 있는 영이 있다.

깨어 있는 영은 내가 예수 안에 있고 예수가 내 안에 있다.

성령의 인도함을 받아 기도의 줄을 잡고 성령이 바른 기도의 제목으로 인도하고 깊은 기도의 골방으로 인도한다.

교회에 출석하고 예배드린다고 다 살아 있는 영은 아니다. 죽은 영들이 교회에 있고 잠자는 영들도 있다. 그러나 깨어 있는 영은 많지 않다. 목회자들의 영까지도 마찬가지다.

문제는 교회 안에는 자기 스스로는 깨어 있다고 착각하고 실제는 졸고 있는 영들이 대다수라는 것이다. 주님이 공중 강림할 때 졸고 있는 영들은 '이리로 올라오라' 하는 주님의 음성과 천사장의 나팔 소리를 들을 수 없다.

말씀이 육신이 되었다

"말씀이 육신이 되어 우리 가운데 거하시매 우리가 그 영광을 보니 아버지의 독생자의 영광이요 은혜와 진리가 충만하더라"(요 1:14).

요한 당시에 나스틱 사상이 있었다. 나스틱 사상은 이원론적인 사상으로서 하나님은 높은 분이고 사람은 낮은 존재이며 정신적인 것은 깨끗하고 반면에 육체적인 것은 추하고 악하다고 생각하였다. 그리고 사람은 정신과 깨끗한 이성이 육체라는 악한 감옥에 갇혀있는데 이것을 벗어나려고

애를 쓰는 존재라고 생각했다.
 나스틱 사상을 가진 사람들은 '하나님이 사람이 되었다' 하는 이 사실을 왜곡시켜서 말했다.

"하나님은 깨끗한 영적인 존재인데 어떻게 더러운 육체를 가질 수 있느냐? 하나님이 사람이 된다는 것은 있을 수 없다."
 그런데 사도 요한은 말씀이 사람이 되었다고 표현하지 않고 더 강하게 말씀이 육신이 되었다고 표현했다.

 예수님이 살아계실 때에는 사람들이 예수를 믿지 못하는 이유가 있었다. 예수님은 사람인데, 사람이 하나님이 된다는 것을 믿을 수가 없었다.
 예수님은 유대인들에게 이렇게 말했다.
 "내가 창세전에 하나님과 함께 있었다."
 "너희 조상 아브라함이 있기 전부터 내가 있느니라."
 "나를 본 자는 아버지를 보았느니라."
 유대인들은 자신을 하나님과 동일시하는 예수를 신성 모독죄로 십자가에서 죽이도록 빌라도에게 넘겼던 것이다.

 예수님이 십자가에서 죽고 부활하시고 승천하셨다. 그리고 하나님 보좌에 앉으셨다. 나스틱 사상을 가진 사람들은 예수님 부활 후에는 예수님이 육신을 입고 이 땅에 온 것을 부정하고 영으로 이 땅에 왔다가 하나님 나라로 갔다고 주장하였다.

육체는 추하고 더러운데 깨끗하고 거룩한 하나님이 육체를 입을 수 없다고 주장하였다. 이런 사상을 나스트시즘(Gnostism) 또는 그노시스주의라고 한다.

사도 요한은 나스틱 사상을 반박하였다.

"하나님의 영은 이것으로 알지니 곧 예수 그리스도께서 육체로 오신 것을 시인하는 영마다 하나님께 속한 것이요. 예수를 시인하지 아니하는 영마다 하나님께 속한 것이 아니니 이것이 곧 적그리스도의 영이니라"(요일 4:2-3).

사도 요한은 예수님이 육체로 오신 것을 시인하면 그 영은 하나님께 속하였고 예수가 육체를 입고 이 땅에 온 것을 부인하면 그 영은 이단의 영에 속한 것이라고 단정했다.

"태초부터 있는 생명의 말씀에 관하여는 우리가 들은 바요 눈으로 본 바요 주목하고 우리 손으로 만진 바라"(요일 1:1).

예수는 육신을 입고 왔는데 우리가 눈으로 보았고 그분이 말하는 것을 귀로 들었고 우리 손으로 만진 바 되었다고 하였다.
나스틱 사상을 가지고 예수는 영으로 왔다는 사람들에게 그렇지 않다고 쐐기를 박은 것이다. 그래서 사도 요한은 "말씀이 사람이 되었다." 그렇게 표현하지 않고 더욱 강하게 '말씀이 육신이 되었다'고 표현했다.

말씀이 육신이 되었다. 이것은 신학적인 용어로는 인카네이션(incarnation)이라고 하며 우리나라 말로는 성육신이라고 표현하였다. 이 뜻은 하나님이 사람을 구원하기 위하여 참 사람이 되셨다는 의미다.

하나님이 높은 보좌에서 낮고 천한 인간들을 향하여 '이리 올라오라' 한 것이 아니라 거룩한 하나님이 사람의 몸을 입고 낮은 자리로 임하셨다. 이것을 그리스도의 비하의 신분이라고 한다.

인도에서 사역하는 선교사 한 분이 그곳에 스님과 사귀게 되었다. 어느 날 스님과 함께 길을 가다가 개미집을 밟았다. 수십 마리의 개미가 압사를 당했다.

이것을 본 스님은 많은 생명이 죽었다고 안타까워했다.

스님이 안타까워하니까 선교사님이 미안해서 말했다.

"스님, 내 발에 눈이 달렸으면 안 밟았을 텐데 발에 눈이 없어서 모르고 밟았습니다. 미안하게 됐습니다. 어떻게 개미에게 사과할 수 있을까요?"

윤회설을 믿고 있는 스님이 이렇게 대답했다.

"당신이 죽어서 개미가 되어야 하겠소."

죽어서 개미가 되어야 개미와 대화할 수 있고 개미와 말이 통할 것이다.

선교사님은 그때 정색을 하고 말했다.

은혜와 진리로 구원받는다

"그래요. 바로 그 이유 때문에 하나님께서 사람의 몸을 입고 사람의 모습으로 이 땅에 오셨습니다. 그 분이 내가 믿는 예수입니다."

아버지의 독생자의 영광

"말씀이 육신이 되어 우리 가운데 거하시매 우리가 그 영광을 보니 아버지의 독생자의 영광이요 은혜와 진리가 충만하더라"(요 1:14).

말씀으로 존재하신 하나님이 육신을 입고 이 땅에 오신 분이 예수님이시다. 예수에게는 아버지의 독생자의 영광이 있다. 요한은 예수님과 3년을 함께 동거하면서 예수에게서 아버지의 독생자의 영광을 보았다.

예수님이 변화산에서 홀연히 변화되어서 그 입은 옷이 해처럼 광채로 빛나고 공중에서 모세와 엘리야가 나타나서 예수님과 더불어 이야기하는 독생자의 영광을 보았다.

바다에서 메가톤급 광풍이 일어나 다 죽게 되었다고 아우성칠 때 예수님이 바람과 바다를 꾸짖으시니 메가톤급 광풍이 메가톤급으로 잔잔해지는 바다를 보았다. 제자들은 "이가 누구이기에 바람과 바다도 순종하는 고!" 하며 예수에게 있는 아버지의 독생자의 영광을 보았다.

보리떡 다섯 개와 물고기 두 마리로 5,000명을 배불리 먹이시고 거둔 조각이 열두 바구니에 거두시는 하늘로부터 임하는 독생자의 영광 안에 역사하는 능력을 보았다.

요한은 예수님이 죽은 지 나흘이 되어 썩어 냄새나는 나사로를 살리시는 그분 안에서 독생자의 영광을 보았다.

요한은 예수님이 십자가에서 죽었지만, 사망을 이기고 부활하신 영광스런 몸을 보았다.
이 모든 것이 독생자의 영광 안에 있었다.

은혜와 진리로 구원 받는다

말씀으로 존재하시던 분이 사람의 몸을 입고 이 땅에 오신 분이 예수님이시다. 예수에게는 아버지의 독생자의 영광이 있고 은혜와 진리로 충만하다. 은혜와 진리로 충만하신 예수는 사람을 구원하기 위하여 이 땅에 오셨다. 사도 요한은 "누구든지 저를 믿으면 영생을 얻으리라"(요 3:16)고 하였다.
영생은 예수에게 있고 예수는 은혜와 진리로 인생을 구원하신다.
구원은 내 공로가 없이 하나님의 은혜로 받는 것이다. 은혜는 값없이 공짜로 주는 것이다. 구원은 예수님이 십자가에서 내 대신 피를 흘려서 다 이뤄 놓았다. 내가 무엇을 어떻게 해서 구원 받는 것이 아니라 예수님이 십자가에서 나를 위하여 대속의 피를 흘려 이뤄 놓은 것을 믿음으로 수용하면 되는 것이다. 이것은 은혜이다.

우리가 은혜로 구원 받는다는 것은 오늘 날 모든 교회가 다 잘 가르치고 있다. 그러나 **진리가 실천 되어야 온전한 구원이다.**

"우리가 그 영광을 보니 아버지의 독생자의 영광이요 은혜와 진리가 충만하더라"

예수는 진리이다. 뒤집어 말하면 진리는 예수이다. 사도 요한은 말씀이 육신을 입고 오신 분이 예수라고 했다. 말씀은 곧 진리이며, 진리가 되신 예수는 이렇게 말씀 했다.

"진실로 너희에게 이르노니 천지가 없어지기 전에는 율법의 일점일획이라도 반드시 없어지지 아니하고 다 이루리라"(마 5:18).

율법은 곧 하나님의 말씀이요 하나님의 말씀은 변함없는 진리인데 글자의 한 획도 없어지지 아니하고 말씀하신 대로 다 성취하신다는 것이다. 그러므로 은혜로 구원 받은 백성은 진리로 삶을 살아내야 한다.

이것은 옷감을 짜는데 씨실과 날실과도 같다. 옷감을 짜는 직조기를 보면 씨실이 있고 날실이 있다. 날실에 씨실이 왔다 갔다 하면서 옷감이 만들어 진다. "씨실은 하나님의 말씀과 같고 날실은 우리의 행위와 같다."(제시카 윤. 덮은우물)

우리의 행위는 하나님의 말씀으로 살아야 한다. 말씀대로 살지 않는 그리스도인은 구원 받을 수 없다. 은혜로 구원 받았다고 말씀을 행치 않고 방자하게 사는 자는 결코 천국에 들어 갈 수 없다.

"은혜는 사람에게 나가는 것이 없는 공짜의 가격표이니 찾는 사람들이 많고 진리는 사람들에게서 나가는 것이 있는 비싼 가격표이니 찾는 사람들이 적다. 은혜는 이미 십자가에서 너희 죄 값을 다 치룬 것을 믿기만 하면 되는 것이기에 사람이 더 이상 대가를 치를 것이 없는 공짜라는 말이다. 그러나 진리의 말씀대로 성결한 삶을 산다는 것은 사람이 각자의 선택의 행위로 대가를 치러야 되는 것이다. 생활 속에서 시간, 노력, 땀, 물질 등의 값으로 치러야 되는 많은 희생을 요구한다. 이것은 나(예수)에 대한 깊은 사랑과 순종심, 그리고 이웃에 대한 겸손과 배려심이 없이는 절대로 할 수가 없다."(제시카 윤. 덮은우물)

성령으로 말미암은 구속의 인 치심, 곧 거듭남은 일회적인 사건이다. 그러나 나는 거듭났다고 영원한 구원이 보장된 것은 아니다. 거듭남은 구원의 시작이지 구원의 완성은 아니다. 구원의 완성은 말씀에 순종하는 성결한 삶을 통하여 이루어진다. 하나님의 말씀인 진리에 복종하여야 한다. 구원을 두렵고 떨림으로 매일 이루어 가는 것이다.

"그러므로 나의 사랑하는 자들아... <u>항상 복종하여 두렵고 떨림으로 너희 구원을 이루라</u>"(빌 2:12).

우리는 은혜로 구원 받고 나의 행위로 심판 받는다. 행함이 따르지 않는 믿음은 죽은 믿음이며 죽은 믿음으로는 구원 받을 수 없다.
예수님은 산상수훈에서는 이렇게 말씀했다.

"좁은 문으로 들어가라 멸망으로 인도하는 문은 크고 그 길이 넓어 그리로 들어가는 자가 많고 생명으로 인도하는 문은 좁고 길이 협착하여 찾는 이가 적음이니라"(마 7:13-14).

좁은 문으로 들어가 좁은 길을 걷는 것은 대가를 치러야 하는 삶이다. 그러므로 은혜로 구원 받은 사람은 반드시 옳은 행실로 입는 의의 겉옷으로 더하여 입어야 한다. 그것이 좁은 길로 가는 것이다. 이 좁은 길 끝에 천국이 있다.

진리를 행하려면 나의 희생이 따른다. 희생하며 사는 것은 많은 사람들이 찾지 않는 삶이다. 그 길은 좁은 길이며, 좁은 길은 두 사람이 비켜갈 수 없는 길이며 혼자만이 걸을 수 있는 외길이다.

오직 예수가 그 마음에 들어와서 예수와 동행하는 사람만이 걸어 갈 수 있는 길이다. 예수 외에 다른 것을 품으면 좁은 길을 걸을 수가 없다.

　사람들은 은혜는 공짜이니 좋아한다. 은혜는 내가 지불하는 것 없이 공짜이니까 찾는 사람들이 많다. 그러나 진리는 희생이라는 가격을 지불하여야 하니 찾는 사람들이 적다.

　진리는 사랑의 실천이며 말씀에 순종하는 행함이다. 예수는 은혜와 진리로 충만하다. 우리는 은혜로 구원 받고 나의 행위로 심판 받으며 진리의 말씀에 순종하여야 온전한 구원이 되는 것이다.

　오늘 날 교회는 은혜의 복음, 공짜로 구원 받는 것은 잘 가르치고 있다. 그런데 진리는 순종과 행함인데 이것을 소홀히 하고 행치 않고 있다. 그것이 주님의 마음을 아프게 한다. 원수에게 속아서 반쪽짜리 믿음으로 구원을 받겠다는 사람들을 보고 예수님은 외치고 있다.

　고집이 많은 염소 같은 백성들아,
　말씀에 순종하는 양이 되라!

　누더기 같은 옷을 걸친 백성들아,
　옳은 행실로 입는 의의 겉옷을 입으라.

등에 기름이 마른 신부들아,
네가 가진 등에 기름을 준비하라.
행함이 없는 죽은 믿음을 가지고
구원을 논하는 어리석은 사람들아,

너희들이 가진 믿음은 귀신같은 믿음이니라.
귀신들도 하나님을 믿고 두려워하지만 행함은 없느니라.

4

여자여, 나와 무슨 상관이 있나이까?

chapter 4
여자여, 나와 무슨 상관이 있나이까?

"사흘 되던 날에 갈릴리 가나에 혼인이 있어 예수의 어머니도 거기 계시고 예수와 그 제자들도 혼인에 청함을 받았더니 포도주가 모자란지라 예수의 어머니가 예수에게 이르되 저희에게 포도주가 없다 하니 예수께서 가라사대 여자여 나와 무슨 상관이 있나이까 내 때가 아직 이르지 못하였나이다 그 어머니가 하인들에게 이르되 너희에게 무슨 말씀을 하시든지 그대로 하라 하니라 거기 유대인의 결례를 따라 두세 통 드는 돌 항아리 여섯이 놓였는지라 예수께서 저희에게 이르시되 항아리에 물을 채우라 하신즉 아귀까지 채우니 이제는 떠서 연회장에게 갖다 주라 하시매 갖다 주었더니 연회장은 물로 된 포도주를 맛보고 어디서 났는지 알지 못하되 물 떠온 하인들은 알더라 연회장이 신랑을 불러 말하되 사람마다 먼저 좋은 포도주를 내고 취한 후에 낮은 것을 내거늘 그대는 지금까지 좋은 포도주를 두었도다 하니라 예수께서 이 처음 표적을 갈릴리 가나에서 행하여 그 영광을 나타내시매 제자들이 그를 믿으니라"(요 2:-11).

예수님의 공생애 첫해에 예수님은 가나 혼인 잔칫집에 제자들과 함께 초청을 받았다. 잔칫집에 손님이 많아서 포도주가 모자랐다. 이때 예수의 어머니 마리아는 예수에게 와서 잔칫집에 포도주가 동이 났다고 하였다. 마리아가 예수에게 이렇게 말한 것은 마리아는 예수의 능력을 믿었고, 예수는 어머니의 부탁을 거절하지 않고 문제를 해결한다는 것을 기대하고 있었다. 그런데 예수님은 이렇게 대답하였다.

"여자여 나와 무슨 상관이 있나이까 내 때가 아직 이르지 아니 하였나이다" 예수님은 어떻게 어머니를 보고 '여자여' 하고 불렀는가? 그리고 아직 내 때가 되지 아니하였다고 했다. 내 때가 아니 되었다고 하는 뉘앙스는 마리아의 요청을 들어줄 수 없다는 뉘앙스이다. 그런데 예수님은 물로 포도주를 만들어 잔칫집의 문제를 해결하여 주었다.

예수님은 그의 공생애를 시작하면서 첫 번째 이적을 가나 혼인 잔칫집에서 물로 포도주를 만드는 표적을 나타냈다. 그리고 그 혼인 잔칫집에서 마리아의 부탁을 받았을 때 마리아를 '여자여' 하고 호칭하였다. 그리고 모든 대속의 사역을 완성하는 십자가 위에서 그 십자가 밑에서 울고 있는 어머니 마리아를 보고 말하였다.

"여자여 아들이니이다."

여자여! 이 호칭을 많은 분이 주석하기를 이 호칭은 헬라어로 '귀네'(gunee)인데 '귀네'는 여자에 대한 최고의 존칭어라고 주석하고 있다. 여인에 대한 최고의 존칭이라 할지라도 어머니를 여자여, 하고 부를 수 없다. 미국식으로 어머니를 맴, 마담이라고 불렀다면 말이 안 되는 것이다.

'여자여' 이 호칭은 예수님이 대속 사역을 이루는 메시야의 신분으로 말하는 것이다. 예수는 육신적으로는 마리아를 통하여 세상에 왔지만, 근본이 하나님이시다. 하나님이 속죄 사역을 이루기 위하여 사람의 아들로 태어나야 했다. 예수님은 자신을 인자(人子)라고 호칭하였다. 하나님이 사람이 되기 위하여서 마리아의 몸을 빌린 것뿐이다. 그래서 예수님은 공생애의 시작과 공생애의 마지막 사역에서 어머니라고 하지 않고 '여자여' 하고 호칭했다.

천국에 가면 분명 마리아가 있다. 지상에서 마리아의 신앙은 흠모할만하다. "누가복음(1:46-55)에 나오는 마리아의 노래는 10절밖에 안 되는 짧은 찬양시에 마리아가 창세기, 욥기, 신명기, 이사야, 스바냐 등에서 약 47개의 성경 구절이 인용되었다. 이것은 마리아가 평소에 늘 성경 말씀을 읽고 묵상하는 사람이었음을 말해 준다. 가톨릭에서는 마리아를 신격화하여 마리아 동상도 만들고 마리아의 이름을 불러 기도도 드린다. 그러나 마리아의 신앙은 흠모할만하지만, 마리아에게 어떤 신적인 요소가 있어서 위대한 것은 아니다."(한 홍. 홈 스위트 홈)

마리아의 신앙이 흠모할 만하여도 천국에서 마리아는 예수님께 경배하는 자리에 있다. 마리아가 예수를 대신해서 경배를 받는 자리에 앉아 있을 수 없다.

마리아가 예수님에게 와서 잔칫집에 포도주가 모자란다고 하였을 적에
예수님은 이렇게 말하였다.

"여자여 나와 무슨 상관이 있나이까? 내 때가 아직 이르지 아니 하였나이다"

예수님은 마리아에게 이런 뜻으로 말했다.

"당신이 내게 요구하는 것은,
잔칫집에 포도주가 고갈되었으니
포도주를 만들어 공급하라는 것이지요.

내가 세상에 온 것은
그런 기적이나 일으켜서
잔칫집에 포도주가 떨어지면
물로 포도주나 만드는
그런 일을 하러 온 것이 아닙니다!"

그러면서 예수님은 아직 내 때가 아니라고 말했다.
사도 요한이 복음서에서 '때'라는 말을 강조해서 7번을 말했다
"너희는 명절에 올라가라 **내 때**가 아직 차지 못하였으니 나는 이 명절에 아직 올라가지 아니하노라"(요 7:8).

내 때는 십자가를 지는 때이다. 예수님이 예루살렘에서 십자가에서 죽게 되어 있는데 이번 유월절 명절은 아니라는 것이다.

"그들이 예수를 잡고자 하나 손을 대는 자가 없으니 이는 **그의 때가** 아직 이르지 아니하였음 이러라"(요 7:30).

"이 말씀은 성전에서 가르치실 때에 헌금함 앞에서 하셨으나 잡는 사람이 없으니 이는 **그의 때가** 아직 이르지 아니하였음 이러라"(요 8:20).

제사장들이 예수를 죽이려고 음모하였지만, 지금은 때가 안 되어서 그들이 잡으려 하여도 하나님이 허락하지 않았다. 그 십자가 지는 때가 이르지 않았다는 것이다.

"예수께서 대답하여 이르시되 인자가 영광을 얻을 **때가 왔도다**"(요 12:23).

"보라 너희가 다 각각 제 곳으로 **흩어지고 나를 혼자 둘 때가 오나니** 벌써 왔도다. 그러나 내가 혼자 있는 것이 아니라 아버지께서 나와 함께 계시느니라"(요 16:32).

이제 제자들은 체포당할까 무서워서 다 도망가는 데 예수님은 이제 십자가를 지어야 하는 그때가 되었다는 것이다.

마리아가 예수께 와서 포도주가 부족하다 하니까 **내 때**가 아니라고 했다. 내가 이 땅에 온 것은 이런 기적을 이루기 위해서 온 것이 아니라는 것이다. 예수는 십자가에서 살을 찢고 피를 흘려 자기 몸을 대속의 제물로 주기 위해서 오셨지 마리아가 요구하는 물로 포도주를 만드는 이적을 베풀기 위해서 오신 것은 아니라는 것이다.

이제 예수님이 잔칫집에서 일하는 하인들에게 결례 항아리에 물을 채우라고 했다. 하인들이 물을 채우니까 그 물을 손님들에게 갖다 주라고 했다. 물은 이미 변하여 포도주로 바뀌었다. 물이 포도주가 되는 기적이 나타났다. 예수님은 마리아가 요구하는 이적은 이루지 아니하고 예수님이 표적으로 물로 포도주를 만들었다.

  지금 잔치 집은 포도주가 모자라서 잔치가 중단되어야 했다.

  기쁨은 근심이 되어 버렸다.

  천국은 잔치하는 집과 같이 좋은 곳인데,

  지금 너희와 하나님과의 관계는 어떠한가?

  너희 죄로 인하여 그 나라에 들어갈 수 없게 되었다.

  죄로 인하여 잔치의 흥은 깨졌다.

  그러나 처음 나온 포도주보다 더 나은 포도주가 나와서

  잔치의 흥은 다시 시작되고

  천국은 너희에게 주어지게 될 것이다.

그것은 내가 십자가에서 피를 흘리고
내 몸이 부서질 때
성전 휘장이 위에서부터 아래까지 찢어지고
그 휘장은 내 육체다.
내 몸에서 피를 쏟아서
그 피가 너희의 주홍 같은 죄를 덮는다.
내 몸은 포도주 틀에서 다 깨지고 박살나지만
거기서 보혈이 나온다.
거기에서 너희가 죄 씻음을 받을 수 있고
너희가 영생하는 생명을 얻을 것이다.

예수님은 결례 항아리에 물을 채우라 했다. 결례 항아리는 이스라엘 집집마다 있는 돌 항아리이다. 당시 포도주는 포도주를 담는 가죽 부대가 있었다. 포도주가 모자라서 물을 채우려면 가죽 부대에다 채워야지 왜 결례 항아리에다 채우라 했는가?

결례 항아리는 이스라엘 백성의 정결 예식에 사용하는 물을 담는 돌 항아리이다. 그들은 외출하였다가 부정한 것을 만졌으면 깨끗하게 하는 방법으로 결례 항아리의 물을 떠다가 손을 씻었다. 그러면 부정한 것이 깨끗하여진다고 생각했다.

구약은 물로 씻는 결례 의식의 종교이다. 그냥 죄를 씻는 삶이다.

율법에 간음하지 말라 했다.

구약은 자기 부인이나 자기 남편이 아닌 사람과 잠자리만 같이 하지 않으면 간음하지 않은 것이다. 그 마음에 음심을 품고 있든 없던 상관이 없다.

살인하지 말라.

구약은 사람만 죽이지 않으면 살인하지 않은 것이다. 그 마음에 미움이 있던, 독한 증오의 마음을 품고 있던 상관이 없다. 바리세인들은 결례 의식을 잘하였고 율법을 잘 지키었다고 생각하였다.

예수님은 이것을 책망했다. 겉은 깨끗한데 속은 회칠한 무덤 같다고 했다. 이스라엘의 무덤은, 여기가 무덤이라는 것을 표시하기 위하여 밖에다 회를 칠했다. 겉은 깨끗한데 그 안에는 죽은 시체가 있다. 바리새인들은 부지런하게 결례의식을 하면서 율법을 지키고 결례를 행하였지만 그 속에는 여전히 음심이 가득하고 살인의 동기가 되는 미움이 있었다. 수군거리고, 증오하고, 부패하여져 있었다. 그들은 손은 씻었는데 마음은 씻지 못했다. 손만 씻고 죄 사함 받았다고 생각했다.

이제는 너희 마음을 씻어라.

이제 그 결례 항아리에는 물이 담긴 것이 아니라 포도주가 담겼다. 그 포도주는 예수가 십자가에서 우리를 위하여 흘리는 속죄하는 피의 상징이다. 이제 누구든지 이 포도주를 마셔라. 이제는 예수의 보혈이 너희를 새 사람으로 바꿀 것이다.

너희는 겉만 깨끗하게 하지 말고

너희 속사람을 깨끗하게 하라.

나의 피,

언약의 피,

속죄하는 나의 피로 죄를 씻어내라.

속사람이 깨끗함을 받으려면

내 살을 먹고 내 피를 마셔야 한다.

주님이 포도즙 틀에 들어갔다. 포도즙 틀에서 그 몸이 으스러지고 깨졌다. 십자가에서 살을 찢었다. 예수의 몸은 찢어지고 붉은 포도주 같은 속죄의 피가 쏟아졌다. 내가 십자가에 달려서 물과 피를 너희 위하여 쏟으면, 손과 발만 씻는 의식이 아니다. 네 영혼이 거듭나고 속사람이 변하는 것이다.

이제 예수 그리스도의 피 묻은 복음으로 새사람이 돼라. 회개하는 자는 예수 그리스도의 피에 빨은 정한 예복을 입고 천국 잔치에 초대될 것이다. 그날에 이 거룩한 예복을 입지 못한 자는 바깥 어두운 데로 쫓겨나서 거기서 슬피 울며 이를 갈 것이 있을 것이다.

"사람의 마음을 기쁘게 하는 포도주와 사람의 얼굴을 윤택하게 하는 기름과 사람의 마음을 힘 있게 하는 양식을 주셨도다"(시 104:15).

포도주는 사람의 마음을 기쁘게 해주는 기쁨의 상징이다.

'에덴'은 '기쁨', '즐거움'이란 뜻이다. 그런데 죄로 인하여 에덴에 죄가 들어와서 낙원을 상실하고 사망이 왔다. 기쁨을 잃었다. 에덴을 뺏어간 마귀는 우리에게 모조품 기쁨, 유사품 기쁨, 짝퉁 기쁨을 주면서 그것을 즐기라는 것이다.

사탄은 외치고 있다.
죄에는 기쁨이 있다.
돈을 잡아라.
명예를 잡아라.
세상을 흠모하라.
쾌락을 쫓으라.
그것들을 즐기다가 지옥으로 오라.
지옥은 불꽃 가운데서 지랄하고 발광할 수 있는 곳이다.
그곳으로 오라.

우리는 죄로 인하여 슬퍼하여야 하는데 세상이 주는 모조품 기쁨에 속고 있다. 가장 기뻐하여야 할 혼인 잔칫집에서 포도주가 떨어졌다. 기쁨이 없어졌다. 그러나 예수가 와서 그 에덴을 회복하였다. 예수의 피로 죄 씻음 받는 자 천국을 얻는 것이다.

예수는 마리아가 요구하는 포도주를 만들지 아니하고 자신이 십자가에서 흘리는 보혈을 상징한 포도주를 만들었다. 예수는 십자가를 지기 전날 밤에 제자들과 포도주를 나누면서 '이것은 너희를 위하여 흘리는바 나의 언약의 피'라고 했다.

사람들이 마리아의 포도주를 구하고 있다.

예수 믿으면 복을 받아서 자녀가 잘되고 사업이 잘되고 머리가 될지언정 꼬리가 되지 않고 들어가고 복을 받고 나가도 복을 받는다. 모두 사실이다. 그것을 부정하는 것은 아니지만 그런 것이 기독교 복음의 본질은 아니다. 오늘날 복음이 변질되었다. 세속주의, 물량주의, 성장주의, 기복주의가 교회 안에 들어왔다.

누가 그렇게 만들었는가?

목사들이 그렇게 만들었다.

기독교 복음을 희석시키는 사람들이 목사이다.

야고보는 이렇게 말했다.

"너희는 많이 선생이 되지 말라 선생 된 너희의 받을 심판이 크다"

잘못 가르친 죄는 심판이 크다. 선교를 망치는 것은 선교학 박사들이다. 그들은 이론으로 선교하고 있다. 선교는 이론이 아니라 성령과 함께 현장에서 도구로 쓰임 받는 것이다.

예수님은 마리아가 요구하는 그런 포도주는 나와 상관이 없다고 선포하였다. 내가 만드는 포도주는 세상이 주는 모조품의 기쁨이 아니고 십자가에서 흘린 보혈로 죄 사함 받고 천국 혼인 잔치에 참예하는 것이다. 보혈로 죄 씻음 받은 거룩한 신부들이 혼인 잔치에 참여할 예복을 입고 그 천국에 들어가는 것이다.

 우리 신앙의 본질은 십자가다. 십자가는 자기 비하이며 자기 수취이다. 명예가 아니고 많은 것을 거머쥐는 것이 아니라 내려놓고 나누고 베푸는 것이다. 예수의 피로 죄 씻음 받고 천국을 얻는 기쁨이 본질이다.
 마리아의 신앙은 흠모하되 마리아를 신격화시키지 말라.
 마리아의 우상을 버리라.
 마리아의 이름을 불러서 예수님에게 부탁하는 기도는 마리아를 신격화시키는 것이다.
 그것은 우상숭배의 죄와 같기 때문에 구원받을 수 없다.

 예수님은 내 이름으로 기도하라고 하였지 마리아를 통하여 내게 기도하라고 하지 아니했다. 우리 기도에 예수님과의 친밀함이 없어서 마리아를 불러 예수님에게 부탁하는 기도를 하는가?
 직접 예수에게로 나가라. 오직 예수님 한 분만이 나의 신앙 고백과 영광과 찬미와 기도를 받으실 분이시다. 예수는 사람을 구원하기 위하여 사람의 몸을 입어야 하였기에 마리아의 태를 빌려 성령으로 잉태하므로 마리아를 도구로 사용한 것뿐이다. 예수 한 분으로 구원은 충족하다.

진리는 원색적이다. 진리를 희석 시키지 말라. 천국이 있고 지옥도 있다. 죄를 짓는 자마다 심판을 받는다고 확실하게 선포하여야 한다. 그럴 적에 영혼이 살 수 있다. 원색적인 복음 앞에서 회개가 이뤄지지 않는 자들은 교회를 떠날 것이고 교회 안에 있는 바리새인들은 비난으로 칼날을 세울 것이다. 그러나 구원받을 자들은 회개하고 천국으로 들어갈 것이다.

흐려진 복음, 변질된 복음을 회복시키고, 십자가로 구원이 회복되고 천국이 회복되고 천국 혼인 잔치의 기쁨이 충만하여야 한다. 나에게는 어린 양의 피 권세가 있기에 죽음의 사자가 넘어가고 예수 안에서 영원한 생명이 있어야 한다.

5

예수가 그 성전이다

chapter 5
예수가 그 성전이다

"유대인의 유월절이 가까운지라 예수께서 예루살렘으로 올라가셨더니 성전 안에서 소와 양과 비둘기 파는 사람들과 돈 바꾸는 사람들의 앉은 것을 보시고 노끈으로 채찍을 만드사 양이나 소를 다 성전에서 내어 쫓으시고 돈 바꾸는 사람들의 돈을 쏟으시며 상을 엎으시고 비둘기 파는 사람들에게 이르시되 이것을 여기서 가져가라 내 아버지의 집으로 장사하는 집을 만들지 말라 하시니 제자들이 성경 말씀에 주의 전을 사모하는 열심이 나를 삼키리라 한 것을 기억하더라 이에 유대인들이 대답하여 예수께 말하기를 네가 이런 일을 행하니 무슨 표적을 우리에게 보이겠느뇨 예수께서 대답하여 가라사대 너희가 이 성전을 헐라 내가 사흘 동안에 일으키리라 유대인들이 가로되 이 성전은 사십 육 년 동안에 지었거늘 네가 삼일 동안에 일으키겠느뇨 하더라 그러나 예수는 성전 된 자기 육체를 가리켜 말씀하신 것이라 죽은 자 가운데서 살아나신 후에야 제자들이 이 말씀하신 것을 기억하고 성경과 및 예수의 하신 말씀을 믿었더라"(요 2:13-22).

유대인들은 그들의 명절인 유월절 오순절 초막절이면 예루살렘에 있는 성전에서 가서 예배를 드려야 했다. 외국에 나가 있어도 명절이 되면 예루살렘으로 돌아왔다.

예수님은 3년 공생애 기간에 유월절이면 항상 예루살렘 성전에 올라갔다. 그 성전에서는 절기 때 사용할 양과 비둘기를 매매하는 사람들, 각국의 돈을 유대 나라 돈으로 환전하는 사람들로 메워지고 성전은 장사하는 장소가 되어있었다.

예수님은 노끈으로 채찍을 만들고 양이나 소를 성전에서 다 내어 쫓으시고 돈 바꾸는 사람들의 상을 엎으셨다. 그리고 '내 아버지의 집으로 장사하는 집을 만들지 말라'하였다.

성전 본연의 임무는 하나님을 예배하고 하나님께 기도하는 집이며 그 성전은 내 아버지의 집, 곧 하나님의 집이다. 그런데 그 성전이 변질되어서 물건을 사고파는 거래가 이뤄지는 집이 되었다. 그래서 예수님은 그 성전이 성전 본연의 임무로 돌아갈 수 있도록 성전을 정화시킨 것이다.

예배의 본질은 나를 복종시켜서 하나님께 드리는 것이다. 그런데 내 뜻을 이루기 위하여 하나님을 도구화시키면 본질에서 벗어나게 된다. 오늘날 교회는 교회의 본질에서 벗어나고 이탈된 것이 너무나 많다. 그런데 본질에서 벗어났음에도 불구하고 너무 오랫동안 익숙해져서 그것이 옳은 줄 알고 그대로 행하고 있다. 익숙하다고 옳은 것은 아니다. 이렇게 가다가는 마지막에 구원받을 수 없다. 이대로 가면 분명 천국에 들어갈 수 없다. 그런데 개혁 없이 익숙한 대로 행하고 있는 것이다.

바른 신앙은 자신을 날마다 개혁시키고 성장시켜야 한다. 그렇지 않으면 정체되거나 퇴보한다. 그때는 심판과 죽음이 기다리고 있다. 그때야 개혁하겠다고 하는 것은 이미 늦은 것이다.

예수님은 공생에 첫해 유월절에 예루살렘 성전에서 의분을 일으키시고 그 성전에서 돈을 벌겠다는 장사치들을 쫓아내셨다. 그리고 예수님은 공생애 마지막 해인 유월절에도 그 성전에 갔다. 그 성전에서는 여전히 양을 팔고 비둘기를 팔고 돈을 환전하고 있었다. 예수님은 다시 성전을 정화시키는 일을 하셨다. 그 사건은 마태복음에 기록되어 있다.

"예수께서 성전에 들어가사 성전 안에서 매매하는 모든 자를 내어 쫓으시며 돈 바꾸는 자들의 상과 비둘기 파는 자들의 의자를 둘러엎으시고 저희에게 이르시되 기록된바 내 집은 기도하는 집이라 일컬음을 받으리라 하였거늘 너희는 강도의 굴혈을 만드는도다 하시니라"(마 21:12-13).

요한복음에서 성전을 청결한 사건과 마태복음에서 성전을 청결한 사건을 같은 사건이라고 보는 견해도 있으나 분명 다른 사건이다. 요한복음의 사건은 예수님의 공생애 첫해에 있었던 사건이고 마태복음에서 성전 청결은 예수님의 공생애 마지막 해에 있었던 사건이다.

예수님은 성전 안에서 매매하는 모든 장사치들을 내어 쫓으시고 돈 바꾸는 자들과 비둘기 파는 자들의 상을 둘러엎으신 것은 같은데 공생애 마지막 유월절에는 더 심각한 말씀을 하셨다.

"내 집은 기도하는 집이라 일컬음을 받으리라 하였거늘 너희는 강도의 굴혈을 만드는도다"

예수님의 공생애 첫해에는 교회가 예배하고 기도하는 본연의 임무에서 변질되어 장사하는 집이 되었는데 이번에는 장사의 차원이 아니고 남의 돈을 강제로 뺏는 강도의 소굴이 되었다는 것이다. 그러면 왜 이렇게 되었는가?

당시 하나님께 바치는 제물은 비둘기나 양이나 소이었다. 가난한 사람은 비둘기를 희생 제물로 드렸다. 그리고 율법에서 규정하기를 하나님께 바쳐지는 재물은 흠이 없어야 했다. 눈먼 것이나 저는 것이나 몸에 상처가 난 것이나 흠이 있는 것은 하나님께 드릴 수 없도록 규정했다. 그 제물에 대한 검사는 제사장들이 하였다. 그런데 제물을 집에서부터 성전으로 가지고 오는데 가까운데 사는 사람은 별문제가 없을 것이나 먼 지방에 사는 사람들, 예를 들면 유다 나라의 브엘세바에서 예루살렘까지는 한 달 동안 걸어와야 했다. 제물을 가지고 올 적에는 흠이 없었는데 걸어오다 보니 제물이 더러워지고 상처가 났다. 그러면 제사장이 불합격 판정을 내린다. 제사는 드려야 하는데 이 제물은 안 된다는 것이다. 그러면 어떻게 할 수 있는가? 장터에 가서 사와야 한다.

제사장들은 편리를 위해서 성전 경내에 양이나 비둘기를 파는 장터를 만들었다. 멀리서 오는 사람은 그냥 돈만 가지고 와서 성전 경내에 있는 장터에서 사면된다. 아주 편리하여졌다. 문제는 편리함을 추구하여서 장터가 생겼는데 예배드리는 수십만 명이 다 양을 사야 하는데 양을 파는 목장이 하나만 가지고는 안 되었다. 양을 파는 곳이 수십 개가 되어야 한다. 그런데 그 성전 안에서 양을 팔려면 그 경내는 제사장이 관리하기 때문에 허가를 받아야 된다. 상인들은 이 절기가 되면 돈을 벌 수 있는 기회가 되었기에 제사장들에게 로비해서 장터 운영권을 따내야 했다. 돈을 많이 상납하는 사람은 목이 좋은 곳을 차지했다. 이러다 보니 유월절이 되면 돈을 벌겠다는 장사치들이 모였고 제사장들은 절기 때가 되면 돈을 벌 수 있고 한몫 잡는 기회가 된 것이다.

그뿐인가? 집에서 양을 가지고 왔는데 멀쩡한 양을 제사장이 불합격 판정을 했다. 그런데 제사장과 묵계가 되어 있는 양을 파는 곳이 있다. 예를 들면 '드고아' 목장에서 샀다는 사인이 있으면 제물은 합격 통보를 받고 그렇지 않으면 불합격이 되었다.

백성들은 유월절이 되면 예루살렘에 가서 예배하고 죄를 용서받고 은혜를 받으려고 먼 길을 걸어왔는데 제사장들과 장사꾼들의 횡포로 갈수록 문제는 심각해졌다. 장사해서 이를 보는 수준을 넘어서 이제는 강도같이 되어버렸다.

당시 로마 네로 황제의 기록에 의하면 유월절 때 예루살렘에서 잡은 양은 2,565,000마리의 양을 잡았다고 기록되어 있다. 그런데 양 한 마리의 값이 정상 가격보다 20배나 뛰었다고 했다. 그러면 제사장들이 이 절기를 이용해서 얼마나 많은 돈을 벌었겠는가? 제사장들과 결탁한 장사꾼들도 이 때는 돈을 벌 수 있는 대목이 된다.

돈 바꾸는 환전상들은 왜 생겼는가?
유대인들은 1년에 반 세겔 성전 세를 바치게 되어 있었다. 그것은 율법에 규정한 것이다. 그 성전 세는 예루살렘 성전에 와서 드렸는데 주로 유월절에 성전에 와서 성전 세를 드렸다.

당시 세계통용 화폐는 '드라크마'라는 로마 화폐였다. 그런데 성전에서 로마의 화폐는 받지 아니했다. 이유는 '드라크마'에는 로마의 황제 시저의 형상이 있었다. 유대인들은 그것을 우상이라고 간주했다. 실제로 당시 시저를 신으로 섬기도록 강요받고 있었다. 그래서 로마 돈은 성전에서 받지 아니했으므로 유대인들이 사용하는 '세겔'이라는 화폐로 환전해서 바치어야 했다. 그래서 환전상이 필요했는데 환전하는 수수료가 몇 배로 뛰었다. 그 환전 수수료의 이익이 제사장에게 들어갔다. 순진한 백성들은 제사하러 왔다가 속이 상하고 원망과 불평이 생겼다. 성전 본연의 임무는 없어지고 변질되고 타락했다.

하나님의 이름으로 교회가 가난한 백성들의 주머니를 털어내고 있었다. 겉은 거룩한 옷을 입었으나 그 속은 썩어 있었다.

성전의 존재 목적은 예배이고 기도인데 그 예배와 기도를 통하여 죄 사함을 받고 아버지 하나님을 만나야 하는 곳인데 교회 와서 강도 같은 제사장이나 상인들에게 뺏긴 돈이 억울하다. 성전에서는 하나님을 만나는 영광이 목적이 되어야 하는데 하나님이 수단화되고 종교를 빙자해서 거부가 되고, 제사장들은 성전이 장사하는 집이 되게 했다. 힘없는 백성들은 기쁨과 감사로 헌물 하는 것이 아니라 돈을 빼앗기고 탄식하고 있었다.

예수님은 화가 대단히 났다. 예수님은 목소리를 높였다.

"내 아버지의 집은 기도하는 집인데 너희는 장사하는 집을 만들었다. 내 아버지 집은 예배하고 기도하는 집인데 너희는 강도의 소굴을 만들었다."

예수님은 채찍으로 양을 몰아내고 환전상과 비둘기를 파는 자들의 의자를 둘러 엎으셨다. 그리고 내 아버지 집으로 장사하는 집을 만들지 말라고 외쳤다. 이런 때 우리는 박수를 쳐 주어야 한다.

'예수님! 아주 잘하셨습니다.'

교회가 왜 이렇게 변질 되었는가?

예배에 편리함을 추구하다 보니 이렇게 되어 버렸다. 양을 안고 가자니 힘들어서 그랬다. 성경 찬송 가지고 가자니 귀찮아졌다. 교회서 스크린에 자막으로 다 띄워 준다. 이것까지는 좋은데 아예 성경 찬송이 없다. 대부분의 사람이 예배드리고 나가면 찬송함이 없고 생활에서 아예 성경을 읽지를 않는다. 이것은 변질된 것이다.

현대인들이 싫어하는 것이 불편함이다. 그러나 신앙생활은 불편해야지 좋은 것이다. 좁은 길을 걷는 것이 불편함이다. 그러나 그 좁은 길 끝에 천국이 있다. 불편한 가운데 하나님은 일하신다.

주일이면 예배를 교회 와서 드린다. 사람들은 편리함을 추구하며 자기 생각을 합리화시킨다.

"꼭 교회 갈 필요가 있느냐? 인터넷에 좋은 설교가 얼마나 많은데! 인터넷으로 예배하고 헌금은 마음이 가는 곳에 인터넷으로 보내고 그렇게 예배하면 되지."

그래서 집에서 예배하며 편리함을 추구하다보니까, 히브리서의 기자가 말한 것 같이 모이기를 폐하는 어떤 사람들처럼 되어버렸다. (히 10:25)

내가 하나님 앞에 거룩한 예배를 드렸는지, 내가 과연 신령과 진정으로 예배드렸는지 마음에 회의가 된다. 이제 우리는 내가 크리스천인지 아닌지 자신에게 정직하게 물어보고 대답하여야 한다. 변질 된 신앙을 가지고는 천국에 들어갈 수 없다.

편리함을 추구하다가 예배가 망가지고 쉬운 것 편한 것 찾다가 은혜가 떠나고 축복이 도망간다.

예수님은 성전을 정화시키고 해 질 녘에 예루살렘 밖으로 나갈 때 배가

고팠다. 가까이 있는 무화과나무를 향해서 걸어가셔서 열매를 구하였으나 그 무화과나무는 잎만 무성하였지 열매가 없었다.

예수님은 그 나무를 저주했다. 무화과나무는 관상용 나무가 아니라 열매를 얻기 위하여 심는다. 그런데 잎만 무성하고 열매가 없었다. 그러면 존재 목적에 위배된 것이다.

"이제부터 영원토록 네게 열매가 맺지 못하리라"(마 21:19).

저주를 받은 그 나무는 뿌리째 말라버리고 죽었다. 그런데 마가복음을 기록한 마가는 그때는 무화과의 때가 아니라 했다.

"멀리서 잎사귀 있는 한 무화과나무를 보시고 혹 그 나무에 무엇이 있을까 하여 가셨더니 가서 보신즉 잎사귀 외에 아무 것도 없더라 이는 무화과의 때가 아님이라"(막 11:13).

무화과는 일 년에 두 차례 열매가 열리는데 지금은 무화과의 열매가 열릴 때가 아니었다. 전지하신 예수님이 지금은 무화과의 때가 아닌 것을 몰랐는가? 그러면 무화과나무의 저주는 상징적 의미인 것이다. 형식뿐인 유대 종교는 무너지고 심판을 받는다는 것이다. 그로부터 36년 후인 AD 70년에 로마의 원로원에서는 로마에 반기를 드는 유대 땅에 티토 장군을 보내서 예루살렘을 완전히 멸망시키었다. 돌 위에 돌 하나도 남기지 않고 무너뜨렸다. 성전도 무너뜨렸다. 주민들은 다른 곳으로 다 이주시켰다. 과격파 유대인들은 마사다로 도망하여 항전을 하였으나 결국에는 다 자살하는 것으로 마감이 되었다.

주님이 채찍을 들어서 양을 몰아내고 돈 바꾸는 자들의 상을 둘러 엎을 때, 성전 본연의 자세로 돌아가고 개혁되었다면 이 저주의 심판은 면했을 것이다. 그러나 경고를 무시하였더니 이제는 하나님의 심판이 떨어진 것이다.

예수님이 성전을 청결하니까 제사장들이 나왔다. 예수님의 하는 일은 옳았다. 그런데 그 성전의 관리 책임은 제사장들에게 있었다. 머쓱해진 제사장들이 물었다.

"대제사장들과 백성의 장로들이 나아와 가로되 네가 무슨 권세로 이런 일을 하느뇨? 또 누가 이 권세를 주었느뇨?"(마 21:23).

당시 제사장들이 예수님이 하신 일을 볼 때는 웃기는 일이었다. 예를 들면 우리 집 마당에서 장사하는데 이웃집 아저씨가 오더니 장사하는 사람 다 쫓아냈다면 웃기는 일이다. 제사장들이 볼 때는 성전은 우리가 관리하는데 네가 무슨 권한으로 이런 일을 하느냐? 누가 너에게 이런 일을 할 수 있도록 권위를 주었느냐는 것이다.

그런데 더 웃기는 일이 벌어지고 있다. 성전의 주인은 예수님이다. 성전 주인이 왔는데 성전 관리하는 제사장들이 자기가 주인 행세를 하고 있는 것이었다. 제사장들은 예수를 나사렛 시골에서 올라온 한 청년으로 알았지만, 그분이 성전의 주인 되시는 하나님이라는 사실을 몰랐다는 데에 문제가 있는 것이다.

제사장들은 예수에게 이런 일을 하는 표적을 보이라고 하였다.

"네가 이런 일을 행하니 무슨 표적을 우리에게 보이겠느뇨?"(요 2:18).

예수님은 "너희가 이 성전을 헐라 내가 사흘 동안에 일으키리라" 했다.

"이 성전은 사십 육 년 동안에 지었거늘 네가 사흘 동안에 일으키겠느뇨?"

이 성전은 헤롯이 정치적인 목적으로 지은 것이다. 유대인들이 성전 짓는 것을 기뻐하기 때문에 그들의 환심을 사기 위하여 돈이 있을 때는 짓고 없으면 중단하고 해서 46년을 지어온 성전이다. 그리고 성전을 헐어버린다는 것은 유대인의 신앙에서 보면 신성모독 죄로 돌에 맞아 죽을 죄다. 성전은 하나님의 눈동자가 머무는 곳이기 때문이다. 그러나 예수님은 성전 된 자신을 두고 말하였다.

"예수는 성전 된 자기 육체를 가리켜 말씀하신 것이라"(요 2:21).

성전은 예수님 자신이 성전이다

유대인들은 눈에 보이는 건물을 성전으로 생각했다. 예수님은 이 성전을 헐어라. 내가 사흘 만에 일으키리라 했다. 당시 제사장들이나 백성들이 알아들을 리가 없었고 예수님의 제자들도 이해하지 못하였다. 예수님의 말씀은 내가 십자가에서 죽으면 나는 사흘 후에 부활할 것이고 부활한 내가 곧 성전이라는 것이다.

구약 시대는 하나님 임재의 상징인 눈에 보이는 예루살렘 성전으로 백성들이 와서 예배하도록 규정하였다. 구약의 성전은 장차 오실 참 성전이 되시는 예수의 그림자였다. 이제 성전의 실재가 되시는 예수님이 오셨다. 이제 눈에 보이는 건물은 더 이상 성전이 될 수 없다. 이 성전을 헐어라. 내가 곧 성전이라는 것이다. 예수님 자신이 성전이다.

예배당 건물을 성전이라고 하는 자는 우상 숭배자이다

오늘날 사람들이 하나님께 예배드리는 예배당을 성전으로 우상화 시키고 있다. 이 집은 예배드리는 집, 곧 예배당이지 성전이 아니다. 이곳은 하나님께 기도하는 집이요 예배하는 집이다. 성전은 예수님 자신이다.

예수님이 부활 승천하시고 성령이 오신 이후에는 예수의 피로 구속함을 받고 성령을 마음에 모신 거룩한 성도들이 교회가 되고 성전이 된다. 그 성전은 거룩이 유지되어야 한다. 그러므로 오늘날 교회를 크게 건축하면서 하나님의 성전을 잘 건축하면 하나님이 복 주신다고 믿는다면 잘못된 신앙이다. 예수님은 이 성전을 헐라고 하였는데 우리는 자꾸만 눈에 보이는 건물을 성전이라고 하면서 크게 지으려고 한다. 그 안에서 아무리 많은 봉사를 하여도 예수가 성전인데 예배당을 성전이라고 믿는 우상 숭배자들은 불교의 법당에서 봉사하는 것과 다를 바가 없다.

중세에 교회를 크게 지으면서 이 성전 짓는데 헌금하면 연옥에 있는 너희 부모의 영혼이 천국으로 올라간다고 속인 것이 천주교회의 베드로 성당이다.

개신교회는 이 성전을 지으면서 헌금하면 하나님이 복 주신다고 한다. 천주교회의 그것이나 신교의 그것이나 그게 그것이다.

교회 크게 짓고 그 건물에 마음 빼앗기고 그 건물이 성전이라고 하면 그 성전이 우상이 된다. 그 우상은 헐어야 한다.

성전은 오직 예수 그리스도이시다. 예수 없는 성전은 성전이 아니다.

어느 분이 큰 교회에서 모임을 갖게 되었다. 그 교회 문 앞에 들어서는데 성령님이 말씀했다.

'이 교회는 나만 없고 다 있는 교회다.'

이분에게 충격이였다. 겉으로는 호화로운 건물이 있고, 그 안에 놀라운 찬양대가 있고, 모든 조직이 잘 되어있고, 그 교회 담임 목사는 사람들에게서 성공한 목사라고 칭송받고 있는데 성령님은 이 교회는 나 예수만 없고 다 있는 교회라고 하신다. 예수님이 없다면 그곳은 교회라는 이름으로 사람을 타락시키고 변질시키는 곳이다.

오늘날 교회가 변질되어 가고 있다. 그 성전에서 종교 강연을 하고, 그 성전에서 세상 유행가를 부르고 있다. 멸망의 가증한 것이 거룩한 곳에 서있다. 그 성전에서 바자회를 열어 장사하고 있다. 교회서 장사하고 바자회 하는 것 주님이 기뻐하지 않는 것이라고 하면 변명하고 합리화한다.

"우리가 장사해서 이문을 남깁니까? 다 선교지에 보내고 교회 건축헌금으로 드리는데!"

목적은 좋다. 선한 목적은 선한 방법으로 이뤄져야 한다. 하나님의 일은 동기도 좋아야 하지만 과정도 좋아야 한다. 목적은 좋았는데 방법은 성전에서 사고팔고 장사하였다. 예수님이 하신 말씀을 생각해야 한다.

"내 집은 만민의 기도하는 집인데 너희는 장사하는 집을 만들었다."

장사는 사고파는 것이다. 사고파는 것이 기도하는 일인가?

사고파는 것이 예배하는 것인가?

교회에서는 사고파는 그 일 안 하는 것이 좋다. 꼭 하려면 집을 제공하여서 하면 그 집 주인도 복이고 봉사하는 사람도 복이 된다. 편리하다고 교회서 하다 보니 좋은 일하고 하나님께 책망을 받는 것이다.

교회는 오직 기도하는 장소이고 예수님을 예배하기 위하여 모이는 곳이다. 그곳에서 어떤 명목으로도 사고파는 일은 주님을 기쁘시게 할 수 없다.

예수님이 성전을 청소하면서 개혁한 것은 구약에서 말라기 선지자가 이미 예언한 말씀의 성취이었다

"만군의 여호와가 이르노라 보라 내가 내 사자를 보내리니 그가 내 앞에서 길을 예비할 것이요 또 너희의 구하는 바 주가 홀연히 그 전에 임하리니 곧 너희의 사모 하는 바 언약의 사자가 임할 것이라 그의 임하는 날을 누가 능히 당하며 그의 나타나는 때에 누가 능히 서리요 그는 금을 연단하는 자의 불과 표백하는 자의 잿물과 같을 것이라"(말라기 3:1-2).

'내 사자' 언약의 사자는 예수님이시다. 예수님은 언약의 사자이다. 그 언약의 사자가 하는 일이 있다

"금을 연단하는 자의 불과 표백하는 자의 잿물과 같을 것이라"

옛날에 표백하는 일, 옷감을 희게 할 때는 잿물을 사용했다. 그 분이 어디로 오시는가? 그 성전으로 오신다. 거기서 뭐 하는가?

불로 금을 연단하여 순금을 찾아내고 잿물로 더러워진 옷을 표백하여 깨

끗한 흰옷을 만든다는 것이다. 그 일이 성전에서부터 이뤄진다. 그 성전의 사명은 하나님을 예배하고 기도하면서 나의 불결해진 죄를 씻어내고 나에게서 불순물을 뽑아내 버리고 정금 같은 성도로 만들어서 천국으로 데려가겠다는 것이다.

그 성전에서 그 일을 하여야 하는데 물건을 사고파는 장사나 하고, 세상 종교 강연이나 하고, 세상 노래나 부르고 있다. 그 일은 성전에서 하는 일이 아니다.

왜 목사들이 이렇게 모르는가? 왜 성도들이 이렇게 모르는가?

말라기 선지자의 예언의 성취가 예수님이 예루살렘 성전에서 성전을 청결하게 하신 일이다.

성전은 성령이 임한 마음의 지성소이다

"너희가 하나님의 성전인 것과 하나님의 성령이 너희 안에 거하시는 것을 알지 못하느뇨 누구든지 하나님의 성전을 더럽히면 하나님이 그 사람을 멸하시리라 하나님의 성전은 거룩하니 너희도 그러하니라"(고전 3:16-17).

내 안에 성령이 거하시는 곳은 내 마음의 지성소이다.

지성소는 거룩한 하나님의 임재의 장소이다.

내가 예수를 믿고 거듭나면 성령은 나를 거처로 삼고 내 안에 거하신다.

성전은 하나님의 성령이 오셔서 임재한 곳이다.

어느 날 이 예배당에 들어오니까 개가 들어와서 실례를 했다고 하자. 그러면 그 배설물을 보고 그대로 앉아서 예배드리는 사람은 없을 것이다. 그 배설물을 치우고 예배를 드릴 것이다.

내 마음의 지성소에 성령이 임재하면 그곳이 하나님의 성전이다. 그런데 그 성전에 배설물보다 더러운 것이 있다.
분노의 감정은 똥보다 더 냄새가 난다.
억울함을 풀지 못하고 용서하지 못하는 마음은 날 세운 도끼를 쥐고 있는 것 같다.
자만하고 거만하고 교만한 마음은 독사가 똬리 틀고 앉아 있는 것 같다.
시커먼 탐심과 거짓말하는 혀는 날름거리는 뱀의 혀 같다.
음란의 영에 붙잡혀서 벗은 사람을 데리고 들어오는 것을 거룩하신 주님이 보고 있을 수가 없다.
분내고 떠들고 불평하는 곳에 성령이 불안해서 있을 수가 없다.
이 더러운 똥 같은 배설물을 치워야 하지 않겠는가! 그리고 신령과 진정으로 예배를 드려야 할 것이다.
이와 같은 더러운 것들을 끌어안고 있으면 어떻게 하겠다고 했는가?

"누구든지 하나님의 성전을 더럽히면 하나님이 그 사람을 멸하시리라 하나님의 성전은 거룩하니 너희도 그러하니라"(고전 3:17).

스스로 치우고 개혁하는 것을 회개라고 한다. 주님이 채찍을 드는 것을 심판이라고 한다. 스스로 개혁이 이뤄지고 성전 본연의 임무와 사명이 이뤄지면 내 안에 있는 성령이 기뻐하고 성령이 평안히 안주할 수 있다. 성령의 불로 죄가 소멸되고 거기서 순금같이 정화되고 "말씀과 기도로 거룩하여지면"(딤전 4:5) 내 마음은 거룩한 성전이 될 수 있다. 마음의 지성소에 거룩한 성령이 임재하여 있는 사람이 하늘의 지성소인 거룩한 천국에 입성할 수 있는 것이다.

6

네가 낫고자 하느냐

chapter 6
네가 낫고자 하느냐

"예루살렘에 있는 양문 곁에 히브리 말로 베데스다라 하는 못이 있는데 거기 행각 다섯이 있고 그 안에 많은 병자, 소경, 절뚝발이, 혈기 마른 자들이 누워 (물의 동함을 기다리니 이는 천사가 가끔 못에 내려와 물을 동하게 후에 먼저 들어가는 자는 어떤 병에 걸렸든지 낫게 됨이러라) 거기 삼십팔 년 된 병자가 있더라 예수께서 그 누운 것을 보시고 병이 벌써 오랜 줄 아시고 이르시되 네가 낫고자 하느냐? 병자가 대답하되 주여 물이 동할 때에 나를 못에 넣어 줄 사람이 없어 내가 가는 동안에 다른 사람이 먼저 내려가나이다 예수께서 가라사대 일어나 네 자리를 들고 걸어가라 하시니 그 사람이 곧 나아서 자리를 들고 걸어가니라 이 날은 안식일이니 유대인들이 병 나은 사람에게 이르되 안식일인데 네가 자리를 들고 가는 것이 옳지 아니하니라"(요 5:2-10).

"예루살렘에 있는 양문 곁에 히브리 말로 베데스다라 하는 못이 있는데 거기 행각 다섯이 있고"(요 5:2).

양문이라는 것은 사람들이 예배에 사용할 양을 가지고 오면서 먼 거리를 오는 도중에 더러워진 양을 씻는 곳이다. 그 양문 곁에 베데스다라는 연못이 있었다. 가끔 천사가 내려와 그 연못물이 회오리를 치게 하였다. 그때 어떤 병자이든 먼저 들어가는 자는 병이 낫기 때문에 병자들이 모여들었고 그 주위에 병자들을 위하여 셸터를 다섯 동 지어났다.

베데스다는 '자비의 집'이라는 뜻이다. 하나님이 병든 인간들을 불쌍히 여기어서 병을 고칠 수 있는 은혜를 베풀어 주는 곳이 베데스다이다. 베데스다 연못 주위의 셸터에는 각색 병자들이 모여서 물이 동하기를 기다렸다. 그들 중에 38년을 병으로 앓은 사람이 있었다.

예수님이 베데스다에 와서 38년 된 병자를 만났다. 예수는 그 사람에게 물었다.

"네가 낫고자 하느냐?"

"주여 물이 동 할 때에 나를 못에 넣어 줄 사람이 없어 내가 가는 동안에 다른 사람이 먼저 가나이다."

"일어나 네 자리를 들고 걸어가라"

그리고 예수는 그 자리를 떠났다. 이날은 안식일이었다.

네 자리를 들고 걸어가라는 예수님의 말 한마디에 38년 된 병자는 건강을 회복하였다. 유대인들이 병 나은 사람에게 말했다.

"오늘은 안식일인데 네가 자리를 메고 가는 것은 옳지 않다"

"나를 낫게 한 그가 자리를 들고 걸어가라 했다"

"그가 누구냐?"

"그가 누구인지 모르겠다."

그 후에 예수는 성전에서 그 사람을 만났다. 예수는 이 사람에게 이렇게 말씀했다.

"네가 나았으니 더 심한 것이 생기지 않게 다시는 죄를 범치 말라"(요 5:14).

이 병자가 38년이란 긴 세월을 병으로 앓고 있었던 원인이 죄로 인한 병이었다.

이 세상의 모든 병이 다 죄로 인해서 온다는 것은 아니다. 그러나 분명한 것은 죄로 인해서 오는 병도 있다.

요한계시록에 보면 두아디라 교회를 책망하는 말씀이 있다.

"네게 책망할 일이 있나니... 내 종들을 가르쳐 꾀어 행음하게 하고 우상의 제물을 먹게 하는도다 내가 그에게 회개할 기회를 주었으되 그 음행을 회개하고자 아니하는 도다"(계 2:20-21).

예수님은 두아디라 교회에 행음하고 우상의 제물을 먹는 죄를 범한 사람에게 먼저는 회개할 기회를 주었다. 그러나 회개하지 아니할 때는 주님은 어떻게 치리하시겠다고 하였는가?

"볼지어다 내가 그를 침상에 던질 터이요 또 그로 더불어 간음하는 자들도 만일 그의 행위를 회개치 아니하면 큰 환난 가운데 던지고 또 내가 사망으로 그의 자녀를 죽이리니 모든 교회가 나는 사람의 뜻과 마음을 살피는 자인 줄 알지라"(계 2:22-23).

볼지어다.
주목하라! 경각심을 가지고 회개하라!
그렇지 않으면 침상 곧 병에 던진다는 것이다.
죄는 질병을 가져올 수도 있고 큰 환난을 불러올 수도 있으며 죗값으로 자식이 죽을 수도 있다.
다윗은 이렇게 고백했다.

"허물의 사함을 얻고 그 죄의 가림을 받은 자는 복이 있도다. 마음에 간사가 없고 여호와께 정죄를 당치 않는 자는 복이 있도다 내가 토설치 아니 할 때에 종일 신음하므로 내 뼈가 쇠하였도다"(시 32:1-3).

죄는 "독약"과 같다. 우리가 상한 음식을 먹으면 식중독을 일으켜서 창자가 뒤틀리고 배가 아프다. 사는 길은 먹은 음식을 토하여 내든지 배설하여야 한다. 죄는 독소와 같아서 죄의 결과는 뼈가 마르는 고통과 괴로움과 환난이 따른다. 이런 사람은 예수를 만나야 하고, 회개하고 토설하여서 죄 사함을 받아야 살 수 있다.

나에게는 신학교 동기생 중에 참으로 귀한 친구 하나가 있었다. 나는 그 친구와 40년 이상 교제하며 마음을 나누었다. 그 친구는 인품도 좋고 목회도 잘해서 1000명 이상 성도들을 목회하였고 교회도 잘 건축했으며 주위에서 총회장에 출마하라고 추천하였는데 그가 하겠다는 의사만 던지면 총회장이 될 수도 있었지만, 명예욕도 없었다. 그는 한 교회에서 40년을 목회하였고 실력도 있어서 여러 신학교에서 강의도 하였다. 얼마 전에 그 친구가 쓰러졌는데 뇌암 판정과 함께 시한부 인생 판정을 받았다.

왜 그렇게 성실하고 인품이 좋은 목사가 뇌암에 걸리는가?

공중 나는 참새 한 마리가 땅에 떨어지는 것도 하나님의 허락이 없으면 떨어지는 법이 없다. 그 친구를 위하여 깊은 기도를 하는 중에 마음에 응답이 왔다. 주님은 그 친구에게 편지를 써 깨우치라는 것이었다. 주의 종이 이런 질병을 앓을 때는 회개하라는 경고이었다.

장문의 편지를 썼다. 목회자들이 깨닫지 못하여서 회개가 이뤄지지 않은 죄를 지적했다. 목사라고 다 구원받는 것은 아니기 때문에, 또 친구이기 때문에, 정말 구원을 염려해서 편지를 썼다. 편지의 내용을 요약하면 이런 내용이었다.

1) 당신은 지금까지 목회하면서 실력과 영성이 있어서 여러 교회 다니면서 부흥회를 인도하고 사례비를 받아 챙겼다. 그것은 복음을 돈 받고 판 것이다. 이것은 분명 복음을 상품화 한 죄다.

2) 성경에는 시체는 부정하다고 하였다. 그런데 우리가 태어나면서부터 선배 목사들이 한 관습대로 시체를 앞에 두고 장례 예배를 드려왔다. 나 역시 몰라서 그렇게 했다. 깨닫고 보니 그 일은 우상 숭배의 죄와 같다. 또 죽은 자에게 화환을 보낸 것 역시 우상에게 바친 제물이었다. 그리스도인들은 죽은 자 앞에 음식 갖다 놓으면 우상의 제물인 줄 안다. 그런데 꽃을 갖다 놓는 것은 장례문화라고 한다. 문화라고 하면 죄가 덮이느냐?

성경에 보면 시체는 부정하다고 하였고, 예수님은 죽은 자로 죽은 자를 장사하고 너는 나를 따르라 하였지 어디에 장례예배가 있느냐? 장례의식은 있었지만, 장례예배는 없다. 요셉이 자기 아버지 야곱이 죽었을 때 장례 의식이 있었고, 다윗이 사울 왕의 시체를 거두어 국장을 치러 주었지만, 예배는 안 드렸다. 예수님이 십자가에서 죽었을 때 그 시체를 십자가에서 내려서 장례예배하고 무덤에 갔느냐? 그냥 세마포에 싸서 무덤에 넣었다. 성도가 소천하면 관례에 따라 목사가 장례 의식이 아닌 예배를 집례한 것은 성경을 알지 못한데서 지은 우상숭배의 죄가 된다.

3) 교회 성장을 위한 목회를 하였느냐? 영혼을 사랑하는 목회를 하였느냐? 영혼을 사랑하는 목회가 아니었다면 목회가 아니라 자기 비즈니스 한 것이다.

정말 나와 함께 믿음 생활하는 저 영혼들이 천국 들어갈 수 있을까? 거기에 관심이 있었느냐? 아니면 교회 성장을 위한 목회를 하면서 내 위치를 생각했느냐?

친구에게 편지를 보내고 그 친구를 위하여 많이 기도하였다. 기도 중에 환상으로 보이는데 그 친구가 깊은 회개를 하는 것이었다.

그 친구는 나의 진심 어린 편지를 보고 회개하면서 많이 울었다고 했다. 암으로 죽을 줄 알았는데 회개가 이뤄지니까 암이 더 이상 진전이 안 되고 그 상태에서 멎었다. 미국에까지 와서 같이 식사하면서 자기 간증을 하였다. 자기 시무하던 교회에서 내가 목회를 잘 못했다고 교인들 앞에서 회개하며 간증했는데 교인들도 울고 자기도 울었다고 했다. 그 이야기를 듣는 나의 눈에서도 눈물이 떨어졌다. 병으로 죽어서 다시 못 볼 줄 알았던 친구가 병에서 회복되어서 다시 교제할 수 있다는 것이 얼마나 감사한지!

하나님은 주의 종들과 주의 백성들이 천국 오기를 기다린다. 그 종들이나 그 백성들이 회개가 안 돼서 구원에서 낙오되면 주님의 눈에 눈물을 흘리게 하는 것이요 주님의 피 값을 헛되게 하는 것이다. 그러므로 사랑하는 종들이나 그 백성이 회개가 안 되면 하나님은 회개 할 수 있는 기회를 주기 위해서 침상에 던지기도 한다. 깨닫는 사람은 회개가 이뤄지는데 깨닫지 못하는 사람은 우연히 아픈 줄 알고 의사만 믿고 있다가 죽음을 맞는다. 목사도, 장로도, 집사도 회개 없는 구원은 없다. "한번 구원은 영원한 구원"이라는 잘못된 교리에 속지 말아야 한다.

세상에서는 우리 목사님, 목회 잘하고 천국 갔다고 환송 예배드리지만, 분명 아니다. 누구든지 종교인으로 산 사람은 구원받을 수 없다. 그리스도인으로 살아야 한다.

베데스다 연못 가에는 많은 환자가 있었는데 예수님은 왜 38년 된 병자 한 사람만 고쳐 주었을까?

이곳에 있는 모든 병자는 다 나을지어다 하면 다 나을 것인데 능력 많으신 예수님이 왜 한 사람만 고치고 그 자리를 떠났는가?

38년 된 병자는 자리에 누워서 물이 동 할 때마다 다른 사람들이 먼저 물에 뛰어 들어가서 병이 낫는 것만 구경하는 것뿐이었다. 그래도 그에게는 다른 소망이 없기에 거기에서 그 자리를 지키며 있었다.

이 병자는 육체의 중병으로 자신은 물 가까이도 가지 못하고 오직 하나님을 갈망하고 있었다. 예수님은 무작위로 그를 만나지 않았던 것이다.

예수님이 이런 말씀을 하였다.

"내가 참으로 너희에게 이르노니 엘리야 시대에 하늘이 세 해 여섯 달을 닫히어 온 땅에 큰 흉년이 들었을 때에 이스라엘에 많은 과부가 있었으되 엘리야가 그 중 한 사람에게도 보내심을 받지 않고 오직 시돈 땅에 있는 사렙다의 한 과부에게 뿐이었으며 또 선지자 엘리사 때에 이스라엘에 많은 문둥이가 있었으되 그 중에 한 사람도 깨끗함을 얻지 못하고 오직 수리아 사람 나아만 뿐이니라"(눅 4:25-27).

엘리야 시대에 3년 6개월 비가 오지 않아서 산천초목이 마르고 기근으로 다 죽게 되었다. 그런데 하나님은 엘리야에게 사르밧 땅에 사는 과부에게 가라고 했다. 엘리야가 사르밧 땅에 가니 한 과부가 마른 나뭇가지를 줍고 있었다. 엘리야는 그 과부에게 말을 건넸다.
"무엇하느냐?"
"집에 가루 통에 가루 한 줌 남아 있는데 나무를 주어 떡을 만들어 아들과 함께 먹은 다음에는 아들과 죽기를 기다릴 수밖에 없습니다."
"너는 염려하지 말고 그 가루로 빵을 만들어 내게로 가져오라. 네 가루 통에 가루가 마르지 아니하리라."
여인이 엘리야의 말을 믿고 순종했다. 그랬더니 3년 기근이 끝날 때까지 가루 통에는 가루가 마르지 아니하는 기적이 일어났다. 하나님은 그 땅에 과부가 많았는데 왜 사르밧 땅의 그 과부에게만 엘리야를 보냈는가?

불교 설화에는 오다가다 옷 한번 스치는 것도 인연이라고 한다. 기독교에서는 우연은 없다. 하나님은 섭리하시고 인도하신다.

하나님은 나를 간절히 찾는 자가 나를 만날 것이라고 했다.

예수님은 무작위로 사람을 만나지 않는다. 군중 속에서 사람을 택하지 않는다.

베데스다 연못가에 많은 병자가 있었지만, 주님은 그 병자가 하늘을 향하여 소망을 가지고 구원자를 기다렸던 그 한 사람을 만나러 베데스다에 갔던 것이다.

예수님은 치유하시는 하나님이 되신다

하나님의 복합적인 이름 중에 '여호와 라파'라는 이름이 있다.
'치유하는 여호와'라는 뜻이다.

> "내 이름을 경외하는 너희에게는 의로운 해가 떠올라서 치료하는 광선을 발하리니 너희가 나가서 외양간에서 나온 송아지 같이 뛰리라"(말 4:2).

우리 말 성경에는 치료하시는 광선이라고 하였는데, 의학적 용어로 치료는 미완성의 상태이고 치유는 완료의 상태이다. 하나님의 성령은 완전한 능력으로 완전하게 치유하신다.

성령이 빛으로 임하면 어둠의 영인 사단은 빛 가운데서 녹아 없어진다. 성령이 임하면 회개가 이뤄지면서 내 몸이 뜨거워진다. 그때 내 안에 있는 죄가 타버린다. 의학적으로는 내 몸에 있는 어떤 병균도 섭씨 40도가 넘으면 다 죽는다. 성령의 불은 뜨겁다. 내 몸에 암세포도 녹게 한다. 하나님은 치유하시는 하나님이 되신다.

7

인자의 살을 먹고 인자의 피를 마시라

chapter 7
인자의 살을 먹고 인자의 피를 마시라

"나는 하늘로서 내려온 산 떡이니 사람이 이 떡을 먹으면 영생하리라 나의 줄 떡은 곧 세상의 생명을 위한 내 살이로라"(요 6:51).

"인자의 살을 먹지 아니하고 인자의 피를 마시지 아니하면 너희 속에 생명이 없느니라 내 살을 먹고 내 피를 마시는 자는 영생을 가졌고 마지막 날에 내가 그를 다시 살리리니 내 살은 참된 양식이요 네 피는 참된 음료로다"(요 6:53-55).

예수님이 보리 떡 다섯 개와 물고기 두 마리로 5,000명을 먹이신 큰 이적을 베푸신 후에 이렇게 말씀했다.

"내가 진실로 진실로 너희에게 이르노니 하늘에서 내린 떡은 모세가 준 것이 아니라 오직 내 아버지가 하늘에서 내린 참 떡을 너희에게 주시나니 하나님의 떡은 하늘에서 내려 세상에게 생명을 주는 것이니라"(요 6:32-33).

이 말을 들은 사람들은 외쳤다.
"주여 이 떡을 항상 우리에게 주소서"
그때 예수님은 사람들이 이해 할 수 없는 말을 했다.

"나는 하늘로서 내려온 산 떡이니 사람이 이 떡을 먹으면 영생하리라 나의 줄 떡은 곧 세상의 생명을 위한 내 살이로라"(요 6:51).

"인자의 살을 먹지 아니하고 인자의 피를 마시지 아니하면 너희 속에 생명이 없느니라 내 살을 먹고 내 피를 마시는 자는 영생을 가졌고 마지막 날에 내가 그를 다시 살리리니 내 살은 참된 양식이요 네 피는 참된 음료로다"(요 6:53-55).

사람들은 이 말을 듣고 수군거렸다.
"우리가 저 사람의 살을 어떻게 먹고, 저 사람의 피를 어떻게 마실 수 있단 말인가?"

많은 사람들이 예수를 떠났다.

예수님은 많은 군중을 다 천국으로 데리고 가는 것이 아니다.
예수의 살을 먹고 예수의 피를 마신 자를 구원하고 그들을 천국으로 데리고 간다.
예수님이 '인자의 살과 인자의 피' 그 말 안 했으면 예수님을 따르는 무리는 점점 많아졌을 것이다. 그러나 예수님은 날마다 인자의 살을 먹고 인자의 피를 마시는 그 사람, 삶 전체를 오직 예수에 올인하는 그 사람들을 마지막 날에 영생으로 살리겠다는 것이다.
우리는 날마다 예수를 먹고 예수를 마시고 예수 에너지로 살고 예수가 전부가 되어야 하는데 너무나 많은 사람들이 진리의 한 조각만을 붙들고 있다. 교회만 다니는 사람은 진리의 한 조각만을 붙잡고 있는 사람이다.
예수가 내 삶의 전부가 되어야 한다.
오직 예수로 사는 사람은 삶에서 성찬이 이뤄져야 한다. 살아도 예수를 위하여 살고 죽어도 예수를 위하여 죽는 삶을 살아야 한다.
죽을 때는 예수를 위한 순교자로 죽고, 순교의 기회가 없다면 순교자적 삶을 살다가 죽어야 한다.
그 예수 사람만이 그 속에 영원한 생명이 있는 천국 백성이 될 수 있다.

예수님은 십자가를 지시기 전날 밤에 제자들과 마지막 만찬을 가지며 다시 떡을 언급하였다.

"저희가 먹을 때에 예수께서 떡을 가지사 축복하시고 떼어 제자들을 주시며 가라사대 받아먹으라 이것이 내 몸이니라 하시고 또 잔을 가지사 사례하시고 저희에게 주시며 가라사대 너희가 다 이것을 마시라 이것은 죄 사함을 얻게 하려고 많은 사람을 위하여 흘리는바 나의 피 곧 언약의 피니라"(마 26:26-28).

"이것은 너희를 위하여 주는 내 몸이라 너희가 이를 행하여 나를 기념하라"(눅 22:19).

이 말씀을 근거로 하여 교회에서는 성찬 의식을 행한다. 바울은 고린도교회에 편지하면서 성찬에 대하여 함축성 있게 설명하였다.

"내가 너희에게 전한 것은 주께 받은 것이니 곧 주 예수께서 잡히시던 밤에 떡을 가지사 축사하시고 떼어 가라사대 이것은 너희를 위하는 내 몸이니 이것을 행하여 나를 기념하라 하시고 식후에 또한 이와 같이 잔을 가지시고 가라사대 이 잔은 내 피로 세운 새 언약이니 이것을 행하여 마실 때마다 나를 기념하라 하셨으니 너희가 이 떡을 먹으며 이 잔을 마실 때마다 주의 죽으심을 오실 때까지 전하는 것이니라. 그러므로 누구든지 주의 떡이나 잔을 합당치 않게 먹고 마시는 자는 주의 몸과 피를 범하는 죄가 있느니라. 사람이 자기를 살피고 그 후에야 이 떡을 먹고 이 잔을 마실지니 주의 몸을 분변치 못하고 먹고 마시는 자는 자기의 죄를 먹고 마시는 것이니라"(고전 11:23-29).

오늘날 '이를 행하여 나를 기념하라' 한 이 성찬 의식이 가장 많이 의식화된 교회는 천주교회이다. 천주교회는 매 주일 성찬의 떡을 먹고 포도주를 마신다. 반면에 성찬 의식을 아예 하지 않는 교단은 구세군 교단이다. 그들은 의식이 아닌 삶으로 성찬의식을 이행하고 있다.

예수님은 당시 사람들이 주식으로 먹는 빵을 떼면서 이것은 내 몸이라 하였고, 당시 이스라엘 백성이 음료수로 마시던 포도주를 나누며 이것은 내 피라고 하였다.

우리가 매일 음식을 먹고 물을 마시면 그것은 피가 되고 살이 되고 거기에서 에너지가 나와서 그 힘으로 삶을 영위한다.

예수님이 가르친 성찬의 의미는, 내가 먹는 밥은 예수가 십자가에서 나를 위하여 찢기신 살을 상징한 것이며, 내가 마시는 물은 예수님이 십자가에서 나의 죄를 속량하기 위하여 흘리신 피를 상징한 것이다. 그러므로 나는 예수를 먹고 예수를 마셨으니 거기서 나오는 에너지는 예수를 위한 에너지가 나와야 한다. 예수를 먹고 예수를 마신 내 심장에는 예수의 피로 죄 씻음 받은 깨끗한 피가 흐르고, 내 생활에서는 예수가 행하였던 섬김과 봉사와 사랑이 묻어 나오고, 나에게서 나오는 모든 에너지는 오직 예수를 위해서 사는 것이 곧 예수의 살을 먹고 예수의 피를 마시는 것이다. 나의 삶의 기초도 예수이고 삶의 중심도 예수이고 삶의 목표도 예수이어야 한다. 이런 사람 안에는 예수 생명이 그 안에 있다.

"내가 그리스도와 함께 십자가에 못 박혔나니 그런즉 이제는 내가 산 것이 아니요 오직 내 안에 그리스도께서 사신 것이라 이제 내가 육체 가운데 사는 것은 나를 사랑하사 나를 위하여 자기 몸을 버리신 하나님의 아들을 믿는 믿음 안에서 사는 것이라"(갈 2:20).

"인자의 살을 먹지 아니하고 인자의 피를 마시지 아니하면 너희 속에 생명이 없느니라"

천주교회는 매 주일 이 의식을 행하면서 예수가 행하였던 선행을 추구한다. 구세군 교단은 성찬 의식을 행치 않지만 '마음은 하나님께 손길은 이웃에게'라는 슬로건을 가지고 섬김과 나눔, 구제와 선행을 삶으로 이행하는 성찬을 한다.

오늘 날 많은 교회는 성찬 예식이 의식화되어버렸다. 빵을 떼고 포도주를 마시지만, 그 안에서 예수 에너지가 나오지 않는다. 이웃을 위한 나눔이 없다. 삶의 내용은 없어지고 성찬의 의식만 남았다. 이것은 외식의 죄가 더하여 지고 있는 것이다. 바울은 언급하기를 이 의미를 모르고 이 성찬에 참예하는 자는 자기의 죄를 먹고 마신다고 했다.

"그러므로 누구든지 주의 떡이나 잔을 합당치 않게 먹고 마시는 자는 주의 몸과 피를 범하는 죄가 있느니라 사람이 자기를 살피고 그 후에야 이 떡을 먹고 이 잔을 마실지니 주의 몸을 분변치 못하고 먹고 마시는 자는 자기의 죄를 먹고 마시는 것이니라 이러므로 너희 중에 약한 자와 병든 자가 많고 잠자는 자도 적지 아니하니"(고전 11:27-30).

고린도 교회에서는 성찬(Lord's Supper)이 남용되었다. 고린도 교회 성도들은 성찬의 의미를 모르고 먹고 마셨다. 이 일로 바울은 그들 중에 약한 자와 병든 자가 많고 잠자는 자(죽은 자)도 적지 아니하다고 하였다. 성찬의 의미를 모르고 성찬에 참예하는 자는 자기 죄를 먹고 마시는 자이다.

오직 예수로 사는 사람은 삶에서 성찬이 이뤄져야 한다. '살아도 예수를 위하여 살고 죽어도 예수를 위하여 죽는다.' 그 예수 사람만이 그 속에 예수 생명이 있는 천국 백성이다.

"썩을 양식을 위하여 일하지 말고 영생하도록 있는 양식을 위하여 일하라"(요 6:27).

같은 밥을 먹어도 그 밥을 먹고서 언젠가는 죽는 육신을 위한 밥이 있고, 영생으로 이어지는 밥이 있다.

날마다 성찬을 이행하여 오직 예수에 사는 사람은 영생하는 양식을 먹는 사람이고, 예수 없이 사는 사람은 썩을 양식을 먹고 사는 사람이다.

지금 지옥에 수많은 영혼이 있을 것이다. 그들에게 이렇게 묻는다면 어떤 대답을 할까?

"여러분, 여러분이 세상에 다시 나간다면 무엇을 하시겠습니까?"

그들의 대답은 한결같이 이렇게 대답할 것이다.

"세상에 다시 나갈 수 있는 기회를 주신다면 예수 믿고 천국에 가지 이곳에 오지 않겠습니다."

천국에 가면 역시 수많은 영혼들이 있을 것이다. 그들에게도 이렇게 물어보면 어떤 대답을 할까?.

"여러분 세상에 다시 나간다면 무엇을 하시겠습니까?"

그들은 한결같이 대답할 것이다.

"세상에 다시 한 번 나갈 기회가 있어도 세상에 가지 않겠습니다. 천국은 세상과 비교할 수 없을 만큼 좋습니다. 그러나 꼭 가야한다면 세상에서 썩어질 양식을 위하여 일하지 않고 영생하도록 있는 양식을 위하여 일하고 주님 앞에서 면류관 받겠습니다."

"썩을 양식을 위하여 일하지 말고 영생하도록 있는 양식을 위하여 일하라"(요 6:27).

8

다시는 죄를 짓지 말라

chapter 8
다시는 죄를 짓지 말라

"서기관들과 바리새인들이 간음 중에 잡힌 여자를 끌고 와서 가운데 세우고 예수께 말하되 선생이여 이 여자가 간음하다가 현장에서 잡혔나이다 모세는 율법에 이러한 여자를 돌로 치라 명하였거니와 선생은 어떻게 말하겠나이까? 저희가 이렇게 말함은 고소할 조건을 얻고자 하여 예수를 시험함 이러라 예수께서 몸을 굽히사 손가락으로 땅에 쓰시니 저희가 묻기를 마지아니하는지라 이에 일어나 가라사대 너희 중에 죄 없는 자가 먼저 돌로 치라하시고 다시 몸을 굽히사 손가락으로 땅에 쓰시니 저희가 이 말씀을 듣고 양심의 가책을 받아 어른으로 시작하여 젊은이까지 하나씩 하나씩 나가고 오직 예수와 그 가운데 섰는 여자만 남았더라 예수께서 일어나사 여자 외에 아무도 없는 것을 보시고 이르시되 여자여 너를 고소하던 그들이 어디 있느냐 너를 정죄한 자가 없느냐? 대답하되 주여 없나이다 예수께서 가라사대 나도 너를 정죄하지 아니하노니 가서 다시는 죄를 범치 말라하시니라 예수께서 또 일러 가라사대 나는 세상의 빛이니 나를 따르는 자는 어두움에 다니지 아니하고 생명의 빛을 얻으리라"(요.8:3-12).

예수님이 성전에서 백성들을 가르치고 있을 때에 서기관들과 바리새인들이 간음한 여인을 끌고 와서 고발했다.

"선생이여 이 여자가 간음하다가 현장에서 잡혔나이다 모세는 율법에 이러한 여자를 돌로 치라 명하였거니와 선생은 어떻게 말하겠나이까 저희가 이렇게 말함은 고소할 조건을 얻고자 하여 예수를 시험 함이러라"(요 8:4-6).

이들은 예수를 올무에 걸리게 하기 위하여 간음하다 현장에서 발견된 여인을 끌고 왔다. 만약 주님께서 간음한 여인을 용서해주라 하시면, 당시 모세의 법은 너무나 절대적이었기에 예수는 율법을 어기고 율법을 폐하는 자라고 할 것이다.

율법이 말한 대로 돌로 치라하면 당장 로마의 법에 저촉된다. 로마는 유대 나라에 자치권을 허용했으나 사형권 만은 로마의 허락을 받도록 했던 것이다. 예수님이 돌로 치라 했다면 당장 로마에 고발할 것이다.

그들은 죄인을 이용해서 의인 예수를 올무에 걸고자 한 것이다. 악한 자들은 성경을 가지고 의로운 길로 가는 것이 아니라 성경을 가지고 의로운 사람을 잡으려고 한다. 예수님은 지금 진퇴양난의 함정에 빠진 형국이다.

여인을 고발하는 자들의 손에는 돌멩이를 들고 있었다.

예수님은 몸을 굽혀 손가락으로 무엇인가 땅에 글을 쓰기 시작했다.

사람이 감정이 격할 때에는 열까지 만이라도 셀 수 있으면 진정이 된다. 아무리 억울한 말을 듣더라도 말을 대답하기 전에 침이라도 한번 삼키는 여유가 있으면 지혜가 생긴다. 예수님이 땅에다 글을 쓴 것은 예수님 자신을 위함이 아니라 그들을 위함이었다. 예수님은 몸을 일으켜 그들에게 말씀했다.

"너희 중에 죄 없는 자가 먼저 돌로 치라"

원문은 죄가 없다는 말만 아니라 죄에 대한 욕망이 없는 자라는 뜻이다. 이 여자는 간음을 행동으로 옮겼지만 너희들 마음속에는 간음하는 마음이 없느냐? 물으시는 것이다.(곽선희. 사랑과 진리의 대화)

그리고 예수님은 다시 몸을 굽혀 무엇인가 땅에 글을 쓰는 것이었다. 그런데 이해할 수 없는 광경이 벌어지기 시작했다.

율법을 어긴 이런 여자는 모세의 법대로 돌로 치겠다고 기세등등했던 바리새인과 서기관들, 그리고 예수를 못마땅하게 생각하든 당시 기득권 세력들은 모두 돌을 내려놓고 그 자리를 떠나 버린 것이다. 그들은 예수님 앞에서 그 여인보다 훨씬 더 추악한 자신들의 실상을 발견하고 양심의 가책을 느꼈기 때문이다. 그들은 예수 앞에서 자신들의 추한 모습을 보았다. 자신은 자기들이 잡아온 간음한 여인보다 결코 더 의롭지 못하다는 것을 느끼고 돌을 버리고 돌아갔던 것이다.

"선생이여, 이 여자가 간음하다가 현장에서 잡혔나이다. 모세는 율법에 이러한 여자를 돌로 치라 명하였나이다."

 죽이겠다고 돌을 들고 서 있는 무리들 가운데 죄를 범한 한 여인이 서 있었다. 여인을 에워싸고 있는 것은 죽음의 공포였다.
 세상에 태어날 때부터 몸을 팔려고 태어나는 여자가 어디 있겠는가?
 삶이 먹고 살 만했다면 왜 몸을 팔겠는가?
 학식을 갖춘 지성인이라면 무엇 때문에 창녀가 되었겠는가?
 삶의 환경이 얼마나 절망적이었으면 하필이면 창녀가 되었겠는가?
 절망적인 삶을 살던 한 여인이 지금 이제 삶을 가장 비참하게 마감해야 하는 죽음이 눈앞에 와 있다. 이 절박한 순간 누가 그를 구원할 수 있는가?
 나를 낳아 준 부모는 어디에 있는가? 나를 변호하여 줄 사람은 없는가? 그녀를 돈으로 샀던 남자는 저만 살겠다고 도망가 버리고 그 자리에 없다. 이대로 죽으면 천국에도 갈 수 없다. 누가 이 여인의 생명을 살려내고 삶을 변화시키고 마지막 그를 천국으로 인도할 수 있는가?

 이 여인의 실상은 바로 심판대 앞에 서 있는 모든 죄인들이다. 그런데 여인에게 죽음의 그림자가 벗겨졌다. 돌을 들고 섰던 그 무리들은 돌을 내려놓고 슬그머니 그 자리를 떠났던 것이다.

오직 예수와 그 가운데 섰는 여자만 남았더라

구원자 예수가 옆에 있으면 된다. 죽음 앞에서도 예수만 옆에 있으면 된다. 죽음 앞에서는 돈도 거추장스럽고 죽음 앞에서는 부모 형제도 목사도 도움이 안된다. 오직 예수만 옆에 있으면 된다.

지금 어떤 모습으로든지 죽음 앞에 있는 자여!
예수가 내 안에 들어와 있으면 천국으로 갈 수 있다.
예수가 십자가에서 흘린 피는 바로 당신의 죄를 속죄하기 위하여 흘리신 것이다.
예수를 믿으면 더 이상 당신의 죄를 묻지 않을 것이다. 그러나 예수가 내 안에 없다면 심판의 돌을 들고 서 있는 귀신들이 잡아갈 것이다.

사도행전에 보면 바울이 죄수의 몸으로 배를 타고 로마로 항해하고 있었다. 바다에서 계절풍인 광풍을 만났다. 광풍은 메가톤급으로 밀려오는 태풍이었다. 이런 태풍에는 배가 곧 물에 잠긴다는 것을 선원들은 잘 알고 있었다. 선주와 선원들은 부득불 배에 실려 있는 값비싼 상품들을 버릴 수 밖에 없었다. 버리지 않으면 이 태풍에 모든 것을 다 잃는다.
배는 바람에 밀려가는 대로 **쫓겨 갔고 배 안의 사람들은 두려워하였다. 뱃사람들은 배가 방향을 잃고** 바람에 밀려가다가 바다 밑에 있는 바위나 모래 언덕에 걸리면 그냥 뒤집어질까 **두려워하였다.** 이제는 사공들이 배를 가볍게 하기 위해서 짐을 바다에 던졌을 뿐 아니라 이제는 배의 **기구들도 그들의 손으로 내버렸다.** 돛대도 필요가 없어졌고 삿대도 필요가 없어졌다. 전쟁터에서 실탄이 떨어지면 소총도 대포도 필요가 없어진다. 실탄이 없는 병기는 짐이 된다. 그것 메고 다니다가는 고생만 한다. 그때는 총도 대포도 버리는 것이다. 이 광풍 앞에 배를 움직이는 기구는 무용지물이 되었다.

여러 날 동안 해도 **별도 보이지 아니하고** 큰 풍랑이 그대로 있으매 구원의 소망이 없어졌다. **그 배 안에는 276명이 타고 있었는데 여러 날을 먹지도 못하였다.**

지금 그들에게는 생명을 포기하고 구원의 여망이 없는 죽음이 눈앞에 와 있었던 것이다.

이때 죄수의 몸으로 로마로 호송되어 가든 바울이 그들 가운데서 서서 이렇게 말했다.

"**내가 너희를 권하노니 이제는 안심하라** 너희 중 아무도 생명에는 아무런 손상이 없겠고 오직 배만 깨질 것이니라 **내가 섬기는 하나님의 사자가 어제 밤에 내 곁에 서서 말하였다 바울아 두려워하지 말라 네가 로마의 황제 가이사 앞에 서야 하겠고 또 하나님께서 너와 함께 항해하는 자를 다 네게 주셨다 하였으니 그러므로 여러분이여 안심하라 나는 내게 말씀하신 그대로 되리라고 하나님을 믿노라**"(행 26:22-25).

바울이 죽음 앞에서도 담대할 수 있었던 것은 무엇 때문인가?

하나님의 말씀이 있었기 때문이다.

하나님의 사자를 만났기 때문이다.

하늘로부터 온 계시가 있었기 때문이다.

예수님이 그와 함께 계시기 때문이다.

간음한 그 여자는 무거운 침묵과 죽음의 공포 속에 떨고 서 있었다. 예수님은 그 여자에게 말했다.

여자여, 너를 정죄한 자가 없느냐?

주님은 '네 이름이 뭐냐?'고 묻지 아니했다.

너는 뉘 집 딸이냐?

너는 계명을 몰랐느냐?

왜 돌에 맞아 죽을 죄를 지었느냐?

이런 질문을 하였다면 이 여자는 더 고통스런 침묵을 지켜야 했을 것이다. 그러나 주님은 자기를 죽이려는 자들을 다 흩어 보내시고 인자한 음성으로 물으셨다.

"여자여, 너를 정죄한 자가 없느냐?"

"주여 없나이다."

나도 너를 정죄하지 아니하노니 가서 다시는 죄를 범치 말라

예수님은 이 여인에게 구원받는데 절대 필요한 두 가지를 말씀했다.
첫째는 나도 너를 정죄하지 않는다고 선언했고
둘째는 다시는 죄를 짓지 말라 당부하였다.
심판 주되시는 예수가 정죄한다면 아무도 구원받을 수 없다.
오직 한 분 돌로 칠 자격이 있는 그분이 '나도 너를 정죄하지 않겠다'고 하신다.

"누구든지 나를 믿는 자는 구원을 얻으리로다. 내가 너를 위하여 십자가에서 피 흘렸다. 십자가 앞으로 나오라. 나는 너의 죄를 보지 않고 십자가에서 흘린 나의 피 곧 속죄하는 피를 보고 너를 정죄하지 않는다."

'이것은 값없이 주어지는 은혜이다.'
구원은 오직 은혜로 받는다. 나의 공로는 아무것도 없다.

다시는 죄를 짓지 말라

"하나님께로부터 난 자는 다 범죄 하지 아니하는 줄을 우리가 아노라 하나님께로부터 나신 자가 그를 지키시매 악한 자가 그를 만지지도 못하느니라"(요일

5:18).

구원파는 이 말씀을 가지고 "중생한 영혼은 범죄치 않는다."고 했다. 그들은 영과 육을 분리해서 한 번 거듭난 영은 범죄하지 않기에 다 천국 들어간다고 주장하고 있다. 그리스도인들이 이러한 교리를 가지고 있기에 죄를 짓는 일에 담대하고 죄를 짓고서도 회개가 없다. 이러한 교리는 사탄에게 속아서 만든 교리이다.

하나님께로부터 난 자는 범죄하지 아니한다는 것은, 아예 죄를 안 짓는 완벽한 인간이라는 말이 아니다. 그런 인간은 결코 존재하지 않는다.

하나님께로부터 난자는 습관적으로 죄를 짓거나 죄를 즐기지 않는다는 것이다. 거듭난 사람은 하나님의 말씀의 씨를 가졌기에 죄를 짓고 편히 살 수 없는 영적 체질로 바뀌었다. 하나님께로부터 난 자는 습관적으로 죄를 지을 수 없다. 내가 성령의 인도함을 받고 바른 기도를 한다면 성령이 항상 함께하는데 어떻게 습관적으로 마약하고 습관적으로 죄를 지을 수 있겠는가!

이 여인이 죽을 자리에서 살았다고 가서 또 죄를 짓는 생활을 한다면 지금 당장 육체는 구원을 받았지만, 그 영혼은 구원받을 수 없다.

은혜로 구원받았다고 말씀을 행치 않는 자는 구원받을 수 없다. 우리는 은혜로 구원받고 행위로 심판받는다. 행함이 따르지 않는 믿음은 죽은 믿음이고 죽은 믿음으로는 구원받을 수 없다.

　예수는 세상 사람들이 죄에서 벗어난다는 것이 결코 쉽지 않다는 것을 알고 있었다. 그래서 이렇게 말했다.

　"나는 세상의 빛이니 나를 따르는 자는 어두움에 다니지 아니하고 생명의 빛을 얻으리라"(요 8:12).

'가서 다시는 죄를 범치 말라.'
　이 말씀을 어떻게 지킬 수 있을까? 죄짓는 것이 직업이었는데 어떻게 다시는 죄를 짓지 않을 수 있을까?
　주님은 빛이시다. 빛과 함께 있으면 어둠이 빛 가운데 들어올 수 없다. 예수님을 믿고 따르면 어둠의 일, 죄짓는 일은 하라고 하여도 할 수가 없다.
　히브리서의 말씀처럼 피 흘리기까지 죄와 더불어 싸우라.
　하나님을 목숨을 다하여 사랑하여야 죄를 짓지 않을 수 있다.
　내가 빛 가운데 있으면 자신의 모습이 적나라하게 보인다. 자신의 적나라한 모습을 보고 있는 사람은 주님을 놓칠 수 없다. 혹시라도 마음에 주님이 없는 것 같으면 두려워서 주님을 찾는다.
　"주님 어디 계세요?"
　"주님 어디 계세요?"
　날마다 주님을 찾는다. 그때 주님은 말씀한다.

"내가 네 안에 있다."

그러면 안심이다.

어둠 가운데서는 자신의 모습을 볼 수 없다. 자신을 볼 수 없으면 예수도 보이지 않는다.

어느 날 자정이 가까운 시간에 전화벨이 울렸다. 밤이 깊었는데 꼭 만나자는 것이었다. 한 여인이 상점에 있는 설교 CD를 듣고 양심이 괴로워 전화하였다는 것이다. 늦은 시간에 여인을 혼자 만날 수 없어서 집사람과 함께 나갔다. 그 여자는 직업이 창녀이었다. 창녀 짓을 하지만 이렇게 살면 안 된다는 갈등을 갖고 살았다. 그분 이야기를 들으면 손님을 맞기 위하여 남자 방에 들어가는 것이 죽으러 가는 것만큼이나 싫다고 했다.

이분이 예수를 믿었다. 몇 달 동안 교회에 잘 나오고 말씀도 공부했다. 주위에 있는 사람들 10여 명을 교회로 인도했다. 그런데 생활비가 바닥났다. 아파트 렌트비, 전기세, 자동차 운영비, 등등 교회서 도와주는 것도 한계에 왔다. 사회에서 돈을 번다는 것이 쉽지가 않았다. 몸을 팔아 쉽게 돈을 벌었는데 노동을 해서 돈을 번다는 것이 쉽지 않았다. 그녀는 한두 주일씩 교회를 결석하기 시작했다. 그러더니 다시 그 창녀촌으로 갔다. 삶의 환경을 극복할 수 없었던 그녀는 다시 어둠속으로 들어갔다. 그녀를 수소문하여 찾았으나 어디로 숨었는지 찾을 수가 없었다.

"나도 너를 정죄하지 아니하노니 가서 다시는 죄를 범치 말라"

"나는 세상의 빛이니 나를 따르는 자는 어두움에 다니지 아니하고 생명의 빛을 얻으리라"

9

실로암

chapter 9
실로암

"예수께서 길을 가실 때에 날 때부터 맹인 된 사람을 보신지라 제자들이 물어 이르되 랍비여 이 사람이 맹인으로 난 것이 누구의 죄로 인함이니이까 자기니 이까 그의 부모니이까 예수께서 대답하시되 이 사람이나 그 부모의 죄로 인한 것이 아니라 그에게서 하나님이 하시는 일을 나타내고자 하심이라 때가 아직 낮이매 나를 보내신 이의 일을 우리가 하여야 하리라 밤이 오리니 그때는 아무도 일할 수 없느니라 내가 세상에 있는 동안에는 세상의 빛이로라 이 말씀을 하시고 땅에 침을 뱉어 진흙을 이겨 그의 눈에 바르시고 이르시되 실로암 못에 가서 씻으라 하시니 (실로암은 번역하면 보냄을 받았다는 뜻이라) 이에 가서 씻고 밝은 눈으로 왔더라"(요 9:1-7).

예수님과 제자들이 길을 가다가 태어날 때부터 소경으로 태어난 사람을 만났다. 그는 직업을 갖지 못하였고 길에서 구걸하면서 삶을 영위할 수밖에 없었다. 태어날 때부터 소경이였으니 그의 삶이 얼마나 어려웠겠는가!

예수의 제자들은 이 소경을 보고 예수님에게 물었다.

"선생님! 이 사람이 소경으로 난 것이 뉘 죄로 인함이오리이까? 자기 오니까 그 부모이오니까?"

제자들은 구걸하는 소경이 앞에 있지만, 소경의 불행한 처지에는 관심이 없고 그들에게 있어서 소경은 토론과 분석의 대상이었다. 이 사람의 소경된 것이 누구의 죄 때문인가?
어려운 사람을 앞에 두고 그 어려움의 원인과 배경을 분석하고 토론하는 제자들은 세상 모든 사람을 대변하고 있는 것이다.

불쌍한 사람을 보고 도와주어야 한다는 인간의 아름다운 마음은 언제부터인가 없어졌다. 우리나라 속담에 "거지에게 적선은 하지 못할지언정 쪽박(얻어먹는 밥그릇)은 깨지 말라"고 했다. 제자들은 어려운 사람을 보면 도와주기는 고사하고 그 사람의 소경됨의 원인을 분석하고 토론하고 있었다. 이러다 보니 인간의 감성과 영성은 없어지고 합리성과 이성만이 살았다. 사람은 똑똑해졌는데 인간미가 없어졌다.

오늘날 그렇게 부흥하던 유럽의 교회와 서구 교회가 또 우리나라도 교회가 왜 문을 닫고 있는가? 교회가 기도는 하지 않고 신학만을 연구했다. 그 신학은 영성이 없는 학문이 되었고, 신학 박사만 배출했다. 학문에 의한 신학은 모든 것을 객체로 놓고 분석하며 하나님은 분석의 대상이었고 인간이 주인이 되었던 것이다.

하나님은 믿음의 대상이며 그분의 말씀에 순종하고 경배하여야 할 대상이다. 그런데 인간의 이성으로 하나님을 연구하고 분석하고 이성에 맞지 아니하면 배격하고 합리적인 것만 인정하고 기사와 이적은 다 배격했다. 그래서 파스칼은 인간의 이성을 십자가에 못 박으라 하였다.

"선생님! 이 사람이 맹인으로 난 것이 뉘 죄로 인함이오리이까? 자기오니까 그 부모이오니까?"

예수님은 제자들의 질문에 이렇게 대답을 하였다.
"이 사람이 맹인 된 것은, 자기나 그 부모가 죄를 범한 것이 아니다."
그 다음 말이 중요하다.
"그에게서 하나님의 하시는 일을 나타내고자 하심이니라"

그리고서 땅에 침을 뱉어 흙을 이겨서 맹인의 눈에 바르고 실로암에 가서 씻으라고 했다. 선뜻 납득하기 어려운 장면이다.
예수는 어떤 분이신가?

제자들이 풍랑을 만나 거의 죽게 되었을 때 바다를 향해 명령했다 '잠잠하라!'

바람과 바다를 꾸짖으시니 그 광란의 바다는 고요하여졌다.

나사로는 죽은 지 나흘이나 되어서 썩어서 냄새가 났다. 그러나 주님은 무덤을 향하여 '나사로야 나오라!' 명령하니 죽은 나사로가 무덤에서 걸어 나왔다.

12년 동안이나 혈루증으로 고통받는 여인은 예수님의 옷자락만 만지고도 깨끗하게 나았다.

길을 가던 열 명의 문둥병자는 "주 다윗의 자손이여 우리를 불쌍히 여기소서" 소리칠 때 너희 몸을 제사장에게 가서 보이라 하니 그들은 길을 가던 도중에 다 나았다.

그렇다면 소경을 향하여 '눈을 떠라!' 명령하심으로 간단하게 고쳐 주실 수 있는 분이 왜 땅에 침을 뱉어 흙을 이겨 눈에 발라 주고 실로암에 가서 씻으라고 하시는가?

예수님이 하신 일은 소경과 인격적 만남과 인격적 사귐이었던 것이다. 어머니가 병을 앓고 있는 어린 아들의 약을 스푼에 쏟아서 새끼손가락으로 약을 개면서 '엄마 손은 약손이다 이것 먹으면 낫는다' 하던 그 어머니의 손가락에 어머니가 자식을 향한 사랑의 마음이 담겨있듯이 예수님은 소경인 이 사람에게 침으로 흙을 이겨서 눈에 바르고 이제 실로암에 가서 씻으라 하셨다. 주님의 그 사랑이 소경의 영혼을 뒤흔들었다. 소경은 그

따스한 주님의 사랑을 가슴에 품고 주님이 말씀한 그 실로암을 향하여 갔다.

소경이 더듬거리면서 사람들에게 실로암이 어디 있는지 묻고 물어서 실로암을 찾았다. 그는 실로암에서 눈을 씻으니 밝은 눈이 되었다. 이 사람이 예수를 증거하고 하나님께 영광을 돌렸다. 그러면 하나님의 하시고자 하는 일이 땅에 침을 뱉어 흙을 이겨 장님의 눈에 바르는 것인가? 예수님의 침이나 흙이 장님에게 약이 된 것은 아니다. 해답은 실로암이다.

실로암에 대한 역사적 배경

실로암은 유다 히스기야 왕 때 예루살렘 성안에 만들어진 작은 저수지이다. 히스기야는 유다 13대 왕으로 29년간 나라를 통치하며 백성에게 선정을 베푼 임금이었다. 당시 유다의 북서쪽에는 신흥국가 앗수르가 일어나 근동지역을 제압하였다. 앗수르는 북 왕국 이스라엘의 수도 사마리아를 함락시켰고 남쪽의 강대국 애굽도 신흥국가 앗수르에 오금을 펴지 못할 때이였다. 성경은 이렇게 기록하였다.

"히스기야가 산헤립이 예루살렘을 치러 온 것을 보고 그 방백들과 용사들로 더불어 의논하고 성 밖의 모든 물 근원을 막고자 하매 저희가 돕더라. 이에 백성이 많이 모여 모든 물 근원과 땅으로 흘러가는 시내를 막고 이르되 어찌 앗수러 왕들로 와서 많은 물을 얻게 하리요"(역대하 32:2-4).

고대나 지금이나 팔레스틴 지역에는 물이 귀하다. 그런데 예루살렘 성 밖 기혼에 샘물이 있었다. 히스기야는 기혼 샘물을 지하 수로를 만들고 성 밖 기혼에서부터 예루살렘 성안으로 물을 끌어들였다. 사막에서 물이 없는 군인은 전쟁을 할 수 없기 때문에 적군이 침략하여도 장기전을 치르지 못하도록 하였던 것이다.

이라크와 미국이 전쟁할 때 사막에서 막강하다는 이라크가 전쟁 한번 제대로 하지 못하고 항복했다. 이라크 군인들이 사막의 진지에서 손을 들고 나오면서 물, 물, 하고 외쳤다. 이라크 군인들은 사막에서 물을 공급받지 못하여 항복했다.

히스기야는 침략하는 적군에게 식수의 곤란을 당하게 하여 전쟁에서 장기전을 치르지 못하게 하고 성안에는 물을 공급하기 위해서 성 밖 기혼 샘에서부터 지하 수로로 물을 성안으로 끌어들였던 것이다. 성 밖 기혼 샘에서부터 성안에 들어 온 물이 실로암이다.

예루살렘은 준 사막지대로 물이 귀한 곳이다. 예루살렘 성 바깥쪽 성벽 밑으로 계단을 따라 내려가면 지금도 기혼 샘에서 물이 콸콸 솟아나고 있다. 그 물은 암석을 뚫어 지하수로로 폭은 60cm, 높이는 2m 수로를 만들고 성 밖에서 예루살렘 성안으로 물길을 인도했다. 그 길이가 533m이다.

실로암은 기혼 샘에서부터 흘러온 물을 예루살렘 성안에 모아둔 물이다. 실로암의 뜻은 성경에 주석을 달아 놓았다. '보냄을 받았다'는 뜻이다. 실로암은 성 밖에서 성안으로 보냄을 받은 물이다. 성안 사람들에게 생명을 공급하는 물이다.

실로암은 곧 예수에 대한 상징이다

성경은 예수를 비유와 상징으로 계시하였다.
창세기에서 예수는 여인의 후손으로 계시되었다.
출애굽기에서 예수는 생수를 쏟아내는 반석으로 나타났다.
다니엘서에서 예수는 하늘에서 날아오는 심판의 돌이 되신다.
요한복음 9장에서는 예수는 하늘에서 이 땅에 보냄을 받은 실로암이시다.
실로암이 예루살렘 성 밖 기혼에서 성안으로 보냄을 받은 것처럼 예수는 하늘로부터 이 땅에 보냄을 받은 자라는 것이다.
 이 세상을 소경과 같은 고난 속에 살아가는 많은 사람이 있다.
어떤 사람은 질병 때문에 힘들어하고 있다.
어떤 사람은 인간관계에서 상처를 받아서 힘들어하고 있다.
어떤 사람은 인생관이 잘못되어서 밝은 세상을 장님처럼 어둡고 캄캄하게 사는 사람들이 있다.
 이 세상을 소경처럼 힘들게 살고, 세상을 어둡게 사는 모든 사람은 하늘로부터 이 땅에 보냄을 받은 실로암 되시는 예수를 만나야 한다.
 세상은 소경과 같이 어둡다. 예수는 어두운 세상에 빛으로 오셨다. 예수는 소경의 눈을 띄우시며 보지 못하는 자들을 보게 하기 위하여 왔다고 했다.

예수님은 제자들에게 말했다. 이 사람이 소경 된 것은 그가 죄가 많아서 소경 된 것 아니다. 부모의 죗값으로 소경이 된 것도 아니다. 그에게서 하시고자 하는 하나님의 일을 나타내시고자 함이다.

인생이 당면하는 문제는 그렇게 쉽게 풀리지 않는다. 수많은 철학자들이 인생 문제를 풀어보려고 하였지만 풀지 못하였다. 그러나 하나님을 만난 사람은 인생이 어디로 와서 어디로 가는지를 안다. 인생을 어떻게 살아야 하는지를 안다. 하나님은 인생을 경영하신다.
내가 당한 고난은 다 설명할 수 없지만, 하나님을 만나는 순간 인생의 모든 문제는 해석되어진다.
과거가 괴롭고 현재가 힘들고 미래가 불안한 까닭은 내 인생이 해석되어지지 않아서 그렇다. 인생 문제의 해석자는 예수이다.

중국에 유명한 전도자 존 송이라는 사람이 있었다. 그는 목사의 아들로 태어났고 고등학교 때에 자기의 생애를 하나님께 드리겠다고 약속을 하였다. 그는 미국으로 유학을 가서 화학을 공부하였고 박사학위를 얻었다. 그는 북경 대학에 교수로 청빙을 받았지만, 하나님께 서원한 것이 있었기 때문에 뉴욕의 유니온 신학교에 입학을 했다.
당시 유니온 신학교는 자유주의 신학교이었다. 성경이 하나님의 말씀이라는 것을 믿지 않았다. 존 송은 그 학교에서 공부하면서 성경은 하나님의 말씀이 아니라 인간이 쓴 책이다. 구원은 다른 종파에도 있다고 배웠고 그렇게 믿었다. 그러던 어느 날 뉴욕에서 부흥회가 있었는데 강사는 15살 된 소녀이었다. 존 송은 그 소녀 강사로부터 성경은 하나님의 말씀이고, 구원은 오직 예수 그리스도만을 통하여 구원받을 수 있다는 메시지를 들었다. 존 송은 강력한 성령의 역사에 압도당했다. 존 송은 하룻밤에 완전히 변화되었다. 존 송은 다음날 신학교로 돌아왔고, 교수들이 성경을 비진리로 가르칠 때 반박하기 시작했다.

"교수님, 성경은 그렇게 말하고 있지 않습니다. 성경은 이렇게 말하고 있습니다."

교수들이 황당해하며 회의를 열었다. 회의 결과 존 송이 정신분열증에 걸렸다는 결론을 내렸다. 그리고 정신과 의사를 초청해서 검진을 하게 했다. 정신과 의사는 그가 정신분열증에 걸렸다고 선언을 했다.

미국 사회는 어떤 사람이 정신 분열증에 걸렸다고 하면 강제로 정신 병원에 입원을 해야 했다. 존 송은 건강한 사람인데도 불구하고 교수들의 오해 때문에 정신 병원에 들어가게 되었다. 그는 울부짖었다.

"나는 정신병자가 아닙니다. 나는 예수 그리스도를 나의 구주로 영접한 사람입니다. 나를 내보내 주세요."

그럴수록 더 깊은 방에 갇혔다. 존 송은 기도하면서 성경을 읽기 시작했다. 약 8개월 동안 정신 병원에 있으면서 존 송은 성경을 밤낮으로 읽기 시작했다. 존 송은 하나님을 찬양하기 시작했다.

"하나님은 나로 하여금 하나님의 말씀인 성경을 읽고 깨닫게 하기 위해서 그리스도의 은총으로 완벽한 환경 속에 있게 하시는구나!"

존 송은 성경을 읽으면서 성령의 조명으로 깨닫게 된 것들을 성경에 깨알처럼 기록했다. 성경을 깊이 깨달았다. 정신과 병동에서 8개월 동안 있으면서 성경을 100번 이상 읽고 많이 기도하고 성령이 충만해졌다. 당시 그가 화학을 공부할 때의 지도 교수가 보증을 해서 정신 병원에서 나오게 되었다.

존 송은 배를 타고 중국으로 갔다. 배를 타고 가던 중 그는 하나님께 이렇게 기도했다.

'나를 구원하신 하나님, 말씀을 깨닫게 하신 이 복음을, 하나님의 사랑을, 나의 동포 중국 사람들에게 전하겠습니다. 나에게는 사는 것도 그리스도요, 죽는 것도 그리스도입니다.'

그는 학위 증서를 바다에 던져버렸다. 존 송은 그리스도께서 중국 사람들의 죄를 위해서 십자가에서 죽으셨다는 것을 전하기 시작했다. 그가 비록 신학을 마치지 못한 평신도였지만 수십만의 사람들이 그리스도 앞으로 나오기 시작했다. 존 송을 통해서 혹자는 50만 명이 그리스도 앞으로 돌아왔다고 했다.

존 송은 어린 소녀한테 들은 말씀이 빛으로 임했고 성령을 체험하고 영적인 사람으로 변한 것이다. 존 송이 감옥에 들어간 것은 죄 때문이 아니다. 하나님의 하시고자 하는 일을 나타내고자 함이었다.

하나님이 하시는 일은 소경과 같이 불행한 모든 운명의 사람들이 실로암 되시는 예수 그리스도를 만나고 그의 인생이 해석되어지고 삶의 창조적 의미와 가치가 부여되어지는 것이다.

사람이 당면하는 불행은 숙명이나 운명이 될 수 없다.

예수님은 이 절망의 사람, 소경으로 태어나서 멸시와 천대를 받으며 밝은 세상을 깜깜하게 살면서 세상을 구차하게 살아가는 거지요 소경인 이 사람에게 무한한 가능성을 제시하였다. 미래에 되어질 창조적이고 긍정적인 삶을 보여 주었다.

역사 속에 많은 사람이 고난에 직면하여 있다. 유사 이래 고난이 없었던 시대도 없었고 고난이 없었던 사람도 없다. 그러나 많은 사람이 그 고난에서 삶의 의미를 발견하고 인생을 승리로 살아간 사람들이 있다.

태양을 바라보면 햇빛은 밝고 투명하며 눈부시다. 그러나 태양이 아름답다고는 느낄 수는 없다. 그러나 태양을 '프리즘'이라는 장애물을 통과시키면 아름다운 무지개의 색깔이 나타난다. 인생은 고난의 역경에서 하나님으로부터 보냄을 받은 실로암 되시는 예수 그리스도를 통과할 때 새로운 삶의 창조적 의미가 부여되어진다. 그 고난을 통하여 자신에게는 남이 갖지 못하는 깨달음과 고난의 의미를 갖게 된다. 그때 하나님의 영광이 나타난다.

그러므로 고난은 하나님을 발견할 수 있는 기회가 된다. 물은 떨어지는 폭포를 만날 때 장관을 이룬다. 밤하늘의 별은 깜깜한 밤일수록 더욱 아름답다.

나면서부터 소경으로 태어난 이 사람의 인생 1막은 소경으로 태어나 얻어먹으며 살은 인생이였다. 이 사람의 인생 2막은 예수를 만나고 눈을 떴고 감사와 감격이었다. 이 사람의 인생 3막은 세상이 그를 버렸다. 예수 믿기 때문에 삶에 고난과 핍박을 받았다.

"이웃 사람들과 및 전에 저가 걸인인 것을 보았던 사람들이 가로되 이는 앉아서 구걸하던 자가 아니냐 혹은 그 사람이라 하며 혹은 아니라 그와 비슷하다 하거늘 제 말은 내가 그로라 하니"(요 9:8-9).

'내가 그로라'

내가 바로 그 초라한 소경이었다. 내가 바로 구걸하던 거지이었다. 그러나 지금은 이렇게 보고 있다.

깜짝 놀란 사람들이 어떻게 된 영문인지 물었다.

"그러면 네 눈이 어떻게 떠졌느냐?"

"예수라 하는 그 사람이 진흙을 이겨 내 눈에 바르고 나더러 실로암에 가서 씻으라 하기에 가서 씻었더니 보게 되었노라."

소경이 눈을 떴다는 소문이 퍼져 나갔다. 저 사람의 눈을 누가 띄웠느냐? 소경의 눈을 띄운 사람은 예수다. 그런데 이스라엘의 최고 의결기구인 이스라엘 공회는 누구든지 예수가 그리스도라고 시인하는 사람은 출교하기로 결의한 때였다. 당시 출교라는 형벌은 무서운 형벌이었다. 출교 형벌을 받으면 회당 명부에서 지워버리고 성전에 들어갈 수 없었다. 성전에 못 들어간다는 것은 천국에 못 간다는 의미다. 출교 받은 사람이 죽으면 울어도 아니 되며 그 사람과 가까이서 이야기할 수 없고 그 사람과 상거래를 할 수 없다. 출교의 형벌은 그 사람을 완전히 사회적으로 고립시키는 형벌이었다.

이스라엘 공회에서 보낸 사람이 소경이었던 사람의 부모에게 찾아와서 물었다.

"눈 뜬 자가 당신 아들이오? 그가 이전에 소경이었소?"

"그가 내 아들이고 그가 소경으로 태어난 것이 맞습니다."

"어떻게 해서 눈을 뜨게 되었고, 누가 눈을 띄웠소?"

"내 아들이 장성했으니 그에게 가서 물어보시오."

이는 예수를 그리스도로 인정하면 출교의 형벌을 받으니 출교당할까 두려웠던 것이다.

바리새인들이 소경 되었던 사람을 다시 불러 물었다.

"너는 예수를 어떠한 사람이라 하느냐?"

"선지자니이다."

"너는 영광을 하나님께 돌리라 우리는 저 사람이 죄인인 줄 아노라"

"그가 죄인인지 내가 알지 못하나 한 가지 아는 것은 내가 소경으로 있다가 지금 보는 것이다. 이상하다. 이 사람이 내 눈을 뜨게 하였으되 당신들이 그가 어디서 왔는지 알지 못하는 도다. 하나님이 죄인을 듣지 아니하시고 경건하여 그의 뜻대로 행하는 자는 들으시는 줄을 우리가 아나이다. 창세 이후로 소경으로 난 자의 눈을 뜨게 하였다 함을 듣지 못하였으니 이 사람이 하나님께로부터 오지 아니하였으면 아무 일도 할 수 없으리이다."

바리새인들이 이 사람을 쫓아냈다. 출교시켰다. 이제 그는 예수를 만나서 눈은 떴지만 아무도 그와 가까이서 이야기하기를 꺼려했다.
소경 되었던 사람이 출교당하였다는 말을 듣고 예수님이 그 소경을 만났다. 우연히 만난 것이 아니다. 예수님은 의도적으로 그 사람을 만났다.
"네가 인자를 믿느냐?"
"그가 누구 오니이까? 내가 믿고자 하나이다."
"네가 그를 보았고 지금 너와 말하는 그가 그이니라."
"주여 내가 믿나이다."
이 사람은 예수께 엎드려 절하며 경배했다.
그는 실로암 되시는 예수를 만났고, 예수를 믿었고 예수에 대한 신앙고백을 하였고 영생을 얻었다. 출교의 형벌이 무섭다고 예수를 부인하지 않았다. 사람들에게 버림받고 세상도 그를 버렸으나 하나님의 아들 예수는 그에게 영생을 선물로 주었다.

"14번 두드려 맞으면 14K가 되고, 18번 두드려 맞으면 18K가 되고, 24번 두드려 맞으면 순금이 된다. 고난은 정금이 되는 지름길이다."(조정인. 고난이 선물이다)

하나님으로부터 보내심을 받은 자, 실로암 되시는 예수 그리스도를 만나면 고난이 조명되어지고 그 고난을 통하여 하나님의 하시고자 하는 일이 드러나고 영광스러운 삶이 될 것이다.

10

나는 부활이요 생명이다

… # chapter 10
나는 부활이요 생명이다

"예수께서 와서 보시니 나사로가 무덤에 있은 지 이미 나흘이라 베다니는 예루살렘에서 가깝기가 한 오 리쯤 되매 많은 유대인이 마르다와 마리아에게 그 오라비의 일로 위문하러 왔더니 마르다는 예수 오신다는 말을 듣고 나가 맞되 마리아는 집에 앉았더라 마르다가 예수께 여짜오되 주께서 여기 계셨더면 내 오라비가 죽지 아니하였겠나이다 그러나 나는 이제라도 주께서 무엇이든지 하나님께 구하시는 것을 하나님이 주실 줄을 아나이다 예수께서 가라사대 네 오라비가 다시 살리라 마르다가 가로되 마지막 날 부활에는 다시 살 줄을 내가 아나이다 예수께서 가라사대 나는 부활이요 생명이니 나를 믿는 자는 죽어도 살겠고 무릇 살아서 나를 믿는 자는 영원히 죽지 아니하리니 이것을 네가 믿느냐 가로되 주여 그러하외다 주는 그리스도시요 세상에 오시는 하나님의 아들이신 줄 내가 믿나이다"(요 11:17-27).

예수님의 사역지는 주로 갈릴리 지역이었다. 예수님은 유대인의 명절이 되면 예루살렘에 올라갔는데 그때마다 예루살렘에서 약 2Km 떨어진 곳에 있는 베다니 마을 나사로의 집에서 쉬었고 사람들은 나사로를 예수님의 친구라고 불렀다.

나사로에게 두 누이가 있었는데 마르다와 마리아 이였다. 그런데 나사로가 병들어서 죽었다. 나사로의 누이가 보낸 심부름꾼이 나사로가 죽었다는 소식을 예수님에게 전하였는데 예수님은 그 소식을 듣고도 계시던 곳에서 이틀을 더 머무셨다. 그리고 나사로의 집에 도착하니 죽은 지 나흘이 되어서 시체는 부패되어 있었다.

예수님은 나사로의 누이가 보낸 심부름꾼이 와서 나사로가 병들었다는 소식을 알려 줬는데도 이틀을 더 유하셨다. 왜 그러셨는가?

예수님은 지금 도움을 필요로 하고 있는 살아 있는 자들을 위해서 계시는 곳에서 이틀을 더 머물러 있었다. 주님께서는 죽은 자가 아니라 산 자를 위해 땅에 오셨기 때문이다. 이 땅에서 살다가 죽은 자의 영은 오직 하나님의 통제 아래에 있을 뿐이다. 죽은 자를 위하여 인간이 임의로 섬기고 제사를 지낸다고 해서 죽은 자가 오는 것이 아니다. 죽은 자의 영이 귀신이 되는 것도 아니고 죽은 자가 인간을 도울 수 있는 것은 더욱 아니다.

우상 숭배의 죄

많은 죄 중에서 하나님이 가장 싫어하는 죄가 우상숭배의 죄다. 그러므로 십계명 중에 제1계명과 2계명이 우상숭배의 죄에 대하여 언급하였다. 그러면 무엇이 우상숭배인가? 우상 숭배는 이렇게 정의 할 수 있다.

1) 창조주 하나님 외에 다른 신을 숭배하거나 피조물을 신으로 섬기는 것이 우상 숭배이다.

2) 하나님보다 더 우선적으로 생각하는 것이 있으면 그것이 우상이 된다.

때로는 돈이 하나님보다 더 중요하다. 때로는 자식이 될 수도 있다. 경건 생활을 뒤로 미루고 어떤 취미에 몰입하면 그 취미가 우상이 될 수도 있다.

3) 우상 숭배는 죽은 자를 살아 있는 사람처럼 대하는 것이다.

제사는 죽은 사람을 산 사람처럼 대우해서 음식 차려놓고 망자의 혼령을 불러오는 축문을 붙여 놓고 절하는 것이다. 그런 일은 엄연히 우상숭배에 해당되며 죽은 조상의 묘에서 절하는 것도 마찬가지다.

그리스도인들은 이북의 김일성, 김정일 동상 앞에서 머리 숙이는 것은 우상 숭배인 줄 알고 있다. 그런데 죽은 자의 영정 앞이나 시체 앞에서 머리 숙이는 것은 죽은 자에 대한 예의라고 한다. 이런 행위는 다 우상숭배의 죄에 해당되는 것이다. 그런데 오늘날 교회는 교단마다 장례 예배와 추모 예배에 대한 예배 모범이 있다. 이것은 성경에 없는 것을 사람이 만들어 놓은 것이다. 우상을 숭배하는 자는 회개가 이뤄지지 않으면 결코 천국에 입성할 수 없다.

나사로가 죽었는데 장례예배하였다는 말이 없다. 죽으면 시체를 싸고 무덤에 넣는 것이다. 이스라엘의 무덤은 돌무덤이라 바위를 뚫고 그 안에 넣던지 아니면 동굴 안에 넣었다. 이것은 장례 의식이지 예배는 아니었다. 장례 의식은 있을 수 있으나 장례예배는 성경에 위배되는 것이다.

예수님을 무덤에 장사할 적에 제자들이 예수님 시체 놓고 예배드리지 아니했다. 아리마데 사람 요셉이 세마포에 싸서 무덤에 넣은 것이 전부이다.

부활의 시점이 언제인가

예수님이 마르다와 마리아의 집에 도착하자 마르다가 예수님께 말했다. "주께서 여기 계셨다면 내 오라비가 죽지 아니하였겠나이다. 그러나 나는 이제라도 주께서 무엇이든지 하나님께 구하시는 것을 하나님이 주실 줄을 아나이다."

나는 부활이요 생명이다

"네 오라비가 다시 살리라"

"마지막 날 부활에는 다시 살 줄을 내가 아나이다."

"나는 부활이요 생명이니 나를 믿는 자는 죽어도 살겠고 무릇 살아서 나를 믿는 자는 영원히 죽지 아니하리니 이것을 네가 믿느냐?"

마르다는 부활 신앙을 가졌다. 그러나 그 부활의 시점을 마지막 날이라고 했다. 모든 크리스천은 부활 신앙을 가지고 있다. 그러나 죽은 자가 언제 부활하는가에 대해서는 많은 견해를 가지고 있다.

부활의 시점이 언제인가?
1) 예수님이 공중 강림하실 때.
2) 예수님이 지상 재림하실 때.
3) 천년 왕국이 시작될 때.
4) 천년 왕국이 끝나고 백보좌 심판 때.
   위에 대답 들은 성경을 한 부분만 보고, 성경을 제대로 알지 못하여 하는 말이다.

5) 부활은 영과 육이 분리되는 죽음 즉시로 일어난다.

죽음과 동시에 그 안에 부활 생명이 있는 자는 생명의 부활로 나오고 그렇지 못한 자는 사망의 부활 곧 심판의 부활로 나오는 것이다.

예수님은 나사로의 무덤 앞에서 큰소리로 외쳤다.

"나사로야 나오라!"

나사로가 살아서 걸어 나왔다. 죽은 지 나흘이나 되어 썩어 냄새나던 나사로가 살아났다. 나사로가 부활한 것은 죽어도 산다는 부활의 상징이었다. 다시 살아난 나사로는 세상에 얼마 살다가 언젠가는 다시 죽었을 것이다. 영원히 땅에 산 것이 아니다. 예수님은 나사로가 살아나는 사건을 통하여 사람은 죽어도 산다는 영원한 부활의 상징으로 나사로를 살리셨든 것이다.

사람은 죽는 즉시 생명의 부활로 나오든지 심판의 부활로 나오든지 부활 생명은 죽을 수 없다. 생명의 부활로 나온 자는 천국에서 영원히 있을 것이고 사망의 부활 곧 심판의 부활로 나온 자는 지옥에서 영원히 있는 것이다.

생명의 부활로 나오는 사람은 영생 천국이다.

성경은 그것을 첫째 부활이라고 하였고 첫째 부활에 참예하는 자는 복 있는 자라고 했다.

"첫째 부활에 참여하는 자들은 복이 있고 거룩하도다 둘째 사망이 그들을 다스리는 권세가 없고"(계 20:6).

둘째 사망은 지옥의 심판을 의미한다. 생명의 부활로 나와서 영원한 천국에 들어가는 자는 둘째 사망인 지옥의 심판이 면제된다. 지옥을 관장하는 사탄 마귀가 더 이상 그를 해 할 수 없다.

예수는 '나는 부활이요 생명이라'고 했다. (요 11:25)

예수님은 우리에게 영생하는 부활 생명을 주시기 위해서 십자가에서 죽으시고 죽은 지 사흘 만에 부활하시고 부활의 첫 열매가 되셨다. 그를 믿는 자마다 생명의 부활로 나올 것이다.

"나사로 까닭에 많은 유대인이 가서 예수를 믿음이러라" (요 12:11).

많은 유대인들이 나사로 까닭에 예수를 믿었다.

나사로가 나흘 만에 살았는데 그 나흘 동안에 그 영이 어디에 있었겠는가? 잠자는 상태에서 깨어난 것이 아니다. 분명히 그는 천국을 보고 천국을 체험하였을 것이다.

오늘 날도 천국과 지옥을 보고 간증하는 분들이 있다. 마귀가 가짜 천국과 지옥을 만들어 보여주는 것은 분별하여야 하지만, 하나님도 필요한 때에 필요한 사람들에게 천국과 지옥을 보여 준다는 것을 인정해야 한다. 천국을 본 사람은 세상에 대한 집착을 버리고 천국을 사모하며 산다. 지옥을 본 사람은 회개가 이뤄지고 구원자 되시는 예수를 바로 믿을 것이다. 물론 천국과 지옥을 보지 않고도 믿을 수 있지만 영적인 세계에 대하여 보고 들음으로 욥이 고백한 고백을 할 수 있을 것이다.

욥이 하나님을 만나고 이렇게 고백하였다.

"내가 주께 대하여 귀로 듣기만 하였삽더니 이제는 눈으로 주를 뵈옵나이다 그러므로 내가 스스로 한하고 티끌과 재 가운데서 회개하나이다"(욥 42:5-6).

영적인 일에 대하여 믿을 바 못 된다고 해서 버리면 신령한 세계에 대하여 무지하며 영적인 신앙의 성장이 멈추어버린다.

지금은 고인이 되었지만, 박영문이라는 분이 있었다. 그분은 처갓집과 원한을 맺고 살았는데 울분을 참을 수 없어서 처갓집을 몽땅 불사르고 자기도 죽겠다고 계획을 세우고 몰래 처갓집에 가서 어디에다 불을 붙일까 사전답사를 하였다. 그런데 그날 저녁 이 사람의 영이 육신을 빠져나가 지옥을 보았다. 그가 본 지옥은 너무나 무서운 곳이었다. 지옥을 본 후 처갓집에다 불을 놓고 사람을 죽이면 그 지옥에 갈 것이 자명한 일이라 그 일을 포기하고 예수를 믿었다. 그리고 그가 본 지옥을 교회 다니면서 간증했다. 그분을 모셔서 그가 본 지옥의 실상을 성도들과 함께 들었다. 그는 그가 본 지옥을 증언하다가 이야기 중간중간에서 그가 본 지옥이 너무 무서워 전율을 느끼는 괴성을 질렀다. 듣는 성도들이 민망할 정도였다. 이 분이 신학을 하고 목사가 되었고 그가 본 천국과 지옥을 많은 교회에서 간증하였다.

생명의 부활로 나오지 못하고 사망의 부활로 나오면 지옥이다. 지옥은 마귀가 다스리는 곳이고 그 사자들 곧 귀신들이 있는 곳이다. 그곳은 불구덩이와 흑암이며 귀신들이 각자지 고문을 하는 곳이다. 그 고문이 하루 이틀이 아니고 영원이라고 했다.

캘리포니아에 소재한 지하 동굴이 있어서 그곳을 가 본 일이 있었다. 승강기로 지하 150m에 내려갔다. 안내자가 전기를 껐다. 빛 한 점 없는 흑암인데 옆에 앉아 있는 사람도 안 보였다. 무서운 생각이 확 들어왔다. 지옥이 이렇겠구나! 지옥에 떨어지면 깜깜한데 끊임없는 괴성이 들린다. 귀신들의 고문을 견디지 못하는 신음 소리가 들린다. 코가 문드러지는 듯한 악취가 있다. 그곳은 마귀와 그 사자들이 있고 불로 소금 치듯 하는 고통이 있고 죽으려야 죽을 수 없는 곳이다. 밤낮 쉼을 얻지 못하는 영혼들이 절규하는데 그 고통이 영원으로 이어지고 있다. 꺼지지 않는 불은 있는데 빛이 없다. 과학자들이 말하기를 불의 온도가 최고로 높아지면 그 색깔이 검정빛이 된다고 하였다. 지옥은 캄캄한 흑암의 세계인데 뜨거운 불이 있다.

사람이 태어나서 지옥에 간다면 태어나지 말아야 한다. 여러분은 살아서 예수 잘 믿고 우상숭배하지 말고 날마다 회개하며 살아야 한다. 내 안에 부활 생명이 있어서 생명의 부활로 나와야 한다.

우리 믿음의 궁극적 목적은 천국이다. 사도 베드로는 믿음의 결국은 곧 영혼의 구원이라고 했다.

"예수를 너희가 보지 못하였으나 사랑하는도다 이제도 보지 못하나 믿고 말할 수 없는 영광스러운 즐거움으로 기뻐하니 <u>믿음의 결국 곧 영혼의 구원을 받음 이라</u>"(벧전 1:8-9).

우리는 마지막 날에 다 부활 생명으로 나오는 것을 바라고 예수를 믿는다. 예수 부활 생명이 내 안에 있는 자는 생명의 부활로 나오고, 예수 부활 생명이 내 안에 없는 자는 사망의 부활로 나올 것이다.

11

인자(人子)의 껍질을 깨고 보니 하나님의 본체이였다

chapter 11
인자(人子)의 껍질을 깨고 보니 하나님의 본체이였다

"명절에 예배하러 올라온 사람 중에 헬라인 몇이 있는데 저희가 갈릴리 벳새다 사람 빌립에게 가서 청하여 가로되 선생이여 우리가 예수를 뵈옵고자 하나이다 하니 빌립이 안드레에게 가서 말하고 안드레와 빌립이 예수께 가서 여짜온대 예수께서 대답하여 가라사대 인자의 영광을 얻을 때가 왔도다 내가 진실로 진실로 너희에게 이르노니 한 알의 밀이 땅에 떨어져 죽지 아니하면 한 알 그대로 있고 죽으면 많은 열매를 맺느니라"(요 12:20-24).

유대인의 명절은 유월절, 오순절, 초막절이다. 이스라엘의 남자들은 일년에 세 차례 명절에는 반드시 성전에 올라가서 하나님에게 예배하도록 율법에 규정되어 있다. 예수님도 유월절에 성전에 올라갔다. 그 명절에 헬라 사람 몇 사람이 예수님을 꼭 만나야 한다는 중대한 임무를 가지고 왔다. 헬라에서 온 몇 사람은 먼저 예수님의 제자 빌립에게 예수를 만나야 되겠다는 용건을 말했고, 빌립은 자기가 결정하지 못할 중대한 문제라서 예수의 다른 제자 안드레에게 가서 이야기했다. 안드레 역시 해결하지 못할 중대한 문제라서 안드레와 빌립이 함께 가서 예수에게 헬라 사람이 만나자고 한 용건을 말하였다. 헬라 사람이 와서 예수를 만나자 한 내용은 이러한 내용이었다.

헬라의 작은 도시 국가 에뎃사 왕이 사람을 예수에게 보냈다. 헬라의 왕이 예수는 문둥병자도 고치고 각색 병자를 다 고친다는 소문을 들었다. 그런데 자기 동족 유대인들이 예수를 박해하고 죽이려는 음모를 꾸미고 있다는 것이다. 에뎃사 왕은 자기 아들이 문둥병이 걸렸는데 우리나라로 와서 자기 아들의 병을 고쳐주면 당신의 일생을 편안하게 살게 하고 보호하여 주겠다고 사람을 보내서 교섭을 했던 것이다. 그때 예수님은 '고맙다. 그렇게 하겠다.'고 하지 않고 이렇게 말했다.

"내가 진실로 진실로 너희에게 이르노니 한 알의 밀이 땅에 떨어져 죽지 아니하면 한 알 그대로 있고 죽으면 많은 열매를 맺느니라 자기의 생명을 사랑하는 자는 잃어버릴 것이요 이 세상에서 자기의 생명을 미워하는 자는 영생하도록 보존하리라"(요 12:24-25).

내가 한 알의 밀알이 되어 죽음으로 많은 열매를 맺는다는 것이다. 예수님은 십자가에서 자기 생명을 많은 사람을 위한 대속의 제물로 드린다는 것이다. 세상에서 잘 대접 받고 평안히 살다가 생을 마치는 것이 아니다. 세상에서 자기 생명을 사랑하고 지키려고 하면 육신의 생명은 지킬 수 있어도 그 영혼은 영벌에 떨어질 것이고, 세상에서 예수를 위해 자기 생명을 버리면 천국에서 영생한다는 말씀이다.

"죽으면 많은 열매를 맺느니라."

하나님이 우리에게 요구하시는 것이 열매이다. 사람들은 꽃을 피우라고 한다. 그런데 예수님은 열매를 맺으라고 하신다.

"그의 열매로 그들을 알리라"(마 7:16).
열매 없는 무화과나무는 저주를 받아서 말라 죽었다.(막 11:14)

"내가 너희를 택하여 제자를 삼은 것도 너희로 가서 과실을 맺게 하기 위해서 택하였다"고 했다.(요 15:16)

하나님은 무화과나무를 심어놓고 열매를 기대하고 있었다. 3년이 되었는데도 열매가 열리지 않았다. 주인이 와서 땅만 허비하고 열매를 맺지 못하는 이 나무는 찍어버리라 하니까 농부가 이 한해에 더 많이 거름을 주어서 가꾸겠으니 한 해만 참아달라고 간청했다. 하나님이 우리에게 기대하는 것은 열매이다.

하나님이 우리에게 맺으라고 한 그 열매는 무슨 열매인가?

영생에 이르는 열매가 있다.(요 4:36)

영생의 열매는 예수 그리스도를 믿음으로 말미암아 얻어지는 열매이다.

빛의 열매가 있다.

빛의 열매는 착함과 의로움이라 했다.(엡 5:9)

성령의 열매가 있다.(갈 5:22)

성령의 열매는 사랑과 희락과 화평과 오래 참음과 자비와 양선과 충성과 온유와 절제라고 했다.

회개에 합당한 열매가 있다.

회개에 합당한 열매는 회개한 죄에서 돌아설 뿐만 아니라 도적질하던 자는 도적질을 하지 않고 선행을 하여야 할 것이다.

원망 불평을 하던 자는 회개하고 이제는 감사하는 입술의 열매가 있어야 한다.

입술로 회개하고 또 그 죄를 반복한다면 회개에 합당한 열매가 없는 것이다.

이런 열매를 주님은 기대하고 있다.
열매는 맺어도 되고 안 맺어도 되는 것이 아니다.
지금까지 내가 주님 앞에 맺어드린 열매가 무엇인가?
예수님은 열매를 맺는 원리로 밀알을 예로 들었다.

열매를 맺으려면 죽어야 한다

농부는 가을이면 밀을 뿌린다. 그 밀알이 땅에 떨어져서 죽어지면 그 안에서 새싹이 나오고 그것이 성장하여 많은 열매를 맺는다. 그 밀알이 죽지 아니하고 한 알 그대로 있으면 열매는 있을 수 없다.

내가 하나님이 기대하시는 열매를 맺기를 원한다면 한 알의 밀알로서 죽어져야 한다는 것이다. 한 알의 밀알이 되어 죽으면 많은 사람이 산다. 내 육신의 생각을 죽이면 나의 영이 살아난다.

예수 믿으면 '나'라는 주격이 '예수'로 바뀌어야 한다. 예수 믿기 전에는 내가 주격으로 살았다. '내가, 내가' 하고 내가 살아 있으면 나도 괴롭고 주위의 사람도 괴롭다. 내가 살아 있으면 세상에서 칭찬받을 수도 있고 잘난 사람이 될 수도 있다. 그러나 예수 믿으면 나는 죽고 내 안에 그리스도가 사는 것이다. 내가 십자가에서 주님과 함께 죽을 때 한 알의 밀알이 되는 것이다.

"내가 그리스도와 함께 십자가에 못 박혔나니 그런즉 이제는 내가 사는 것이 아니요 오직 내 안에 그리스도께서 사시는 것이라 이제 내가 육체 가운데 사는 것은 나를 사랑하사 나를 위하여 자기 자신을 버리신 하나님의 아들을 믿는 믿음 안에서 사는 것이라"(갈 2:20).

돈 키호테라는 고전 소설이 있다

돈 키호테는 독서에 너무 깊이 빠져 밤낮 잠을 자지 않고 광적으로 기사도의 책을 읽다가 머릿속 골수가 다 말라서 정신이 이상해지고 그가 읽은 기사 소설에서 갖가지 상상과 엉터리 이야기들이 그의 생각 속에 환상으로 나타나 정신 이상증세가 나타난다.

그는 스스로 자기 자신을 돈 키호테 데 라만차 기사로 임명한다. 당시 기사에게는 준마가 필요하였다. 그가 택한 말의 머리는 부스럼투성이고 비루먹고 말랐다. 그러나 돈 키호테는 자신이 택한 비루먹은 조랑말이 알렉산드로스 대왕의 말에 비교가 되지 않을 정도로 훌륭하게 생각하였다. 돈 키호테는 같은 마을에 사는 산초판사 라는 힘없는 농부를 택하여 자신을 보필할 수 있는 하인으로 삼고 길을 떠난다. 돈 키호테를 등에 태운 조랑말은 돈 키호테의 몸무게를 감당하지 못하여 허덕거린다. 그러나 돈 키호테는 하루에 천 리를 달리는 준마로 믿는다. 자신을 보필하는 하인은 자기 몸을 지탱하기 힘들어하며 걷는다. 그러나 돈 키호테는 그 하인의 느림보 걸음을 적진을 향하여 돌진하는 뜀박질이라고 믿는다.

돈 키호테는 세상의 부정과 비리를 처단하고 폭정과 억압에 시달리는 백성을 구원하기 위하여 기사로서 길을 떠난다. 그때 그의 눈앞 평원에 삼사십 개의 풍차가 나타났다. 돈 키호떼는 바람에 윙윙 돌아가는 풍차를 자기와 싸움을 걸어오는 거인으로 보였다.

그는 하인 산초 판사에게 말했다.

"산초 판사여! 저게 저기 보이는가? 저기 30명이 넘는 어마어마하게 큰 거인들이 나타난 것 말일세. 내 당장 저놈들과 싸움을 벌여 닥치는 대로 목숨을 빼앗을 버릴 작정이네. 그 전리품으로 우리는 부자가 될 거야."

하인은 말리며 그것은 거인이 아니라 풍차라고 설명을 하여도 그는 싸움의 대상인 거인으로만 보였다.

"이보게 기다란 팔뚝을 자랑하는 거인들이 안 보이나? 어떤 놈은 팔 길이가 10m 도 넘는 놈도 있다."

풍차는 바람을 받아 세차게 돌아가고 있었다. 그는 풍차를 세상을 괴롭히는 거대한 거인으로 오해하고 풍차에게 적개심을 품고 공격했다.

"도망가지 마라 이 추악하고 비겁한 놈들아!"

그는 방패로 몸을 가리고 창을 겨눈 채 전속력으로 말을 몰아 맨 앞에 있는 풍차 날개에 창을 꽂았으나 창은 풍차 날개에 맞아 부러지고 말과 기사는 들판으로 나둥그러졌다. 풍차를 공격하는 일은 아무리 보아도 정신병자가 아니고서는 할 수 없는 일을 하고 있다.

이 책의 저자는 왜 이런 이야기를 책 속에 남겼는가?

지칠 줄 모르는 준마로 간주했던 내 육체가 어느 날 신음하고 헐떡이고 있다. 우리가 일생동안 정력을 다하여 싸우고 공격하고 이겨보겠다고 한 싸움의 대상이 어느 날 돌이켜보니 별것 아닌 것 가지고 오해하고 싸우고 공격하고 열을 올렸다. 부부가 싸우는 것도 지나놓고 보면 별것 아닌 것 가지고 자기 자아가 죽지 못하여 싸웠다. 그 때문에 내 마음만 상하였지, 남은 것이 무엇인가? 마치 풍차를 공격한 돈 키호테 같지 않은가!

예수님이 복음서에서 이런 말씀을 했다.

"오른편 뺨을 치거든 왼편도 돌려대라."

오른편 뺨을 치거든 왼편도 돌려대라는 것은 네가 차라리 당하라는 말씀이다.

우리는 다른 사람한테 지고 싶지 않다. 당하고 살면 억울해서 못 견딘다. 그래서 할 말 다 하고 챙길 것 다 챙긴다. 절대로 손해 보려고 하지 않는다. 그런데 무엇이 문제인가?

싸워서 이기고 챙길 것 다 챙겼는데 마음에 기쁨이 없고 감동이 없다. 가슴이 메말랐고 뒤 끝이 썰렁하다.

부부가 싸울 때도 마지막 내뱉고 싶은 말 한마디는 남겨두어야 한다. 마지막 내뱉고 싶은 말까지 다 내뱉으면 썰렁해서 치유가 되지 않는다.

내가 손해 보고 내가 당해도 나에게 하나님의 은혜가 있고, 가슴이 뿌듯하며 기도하고 싶은 마음이 있어야 한다.

인자의 껍질을 깨고 보니 하나님의 본체이였다

"예수께서 대답하여 가라사대 인자의 영광을 얻을 때가 왔도다"(요 12:3).

예수는 그리스도이다. 그리스도는 예수의 직무이며 헬라어로 '기름 부음을 받은 자'라는 의미이다.

직무상 기름 부음 받은 사람은 왕과 제사장과 선지자가 임직할 때 머리에 기름을 붓는 의식이 있었다. 그리스도는 왕과 제사장과 선지자의 직무를 가지고 오셨다. 예수님 직명은 그리스도이고 예수의 별명은 인자(人子)다.

"모세가 광야에서 뱀을 든 것같이 인자(人子)도 들려야 하리라"(요 3:14).
"너희는 인자(人子)를 든 후에 내가 그인 줄을 알리라"(요 8:28).

인자(The son of man)는 사람의 아들이라는 의미이다.

인자는 하나님이 사람의 몸을 입고 사람의 아들로 태어났다는 성육신의 의미이다. 그러나 인자가 되시는 예수님의 근본은 하나님이시다. 예수님이 이런 말씀을 했다.

"하늘에서 내려온 자 곧 인자 외에는 하늘에 올라간 자가 없느니라"(요3:13).

'하늘에서 내려온 자'란 본래 하늘에 계시던 분이란 의미다. 하늘에 계시던 분이 인간 세상에 내려오신 분은 예수 한 분밖에 없다. 예수님은 하나님이시다. 그 하나님이 사람의 아들로 인간 세상에 왔다.

영으로 존재하신 하나님이 인자로서 육신의 몸을 입었기에 시간과 공간의 제한 속에 있어야 했다. 사람의 아들로 왔기 때문에 혈통 상으로 예수는 요셉의 아들이라고 했다.

"이는 그 목수의 아들이 아니냐 그 모친은 마리아, 그 형제들은 야고보, 요셉, 시몬, 유다라 하지 않느냐"(마 13:55).

인자 예수는 갈릴리에서 자랐고 인자인 그의 직업은 목수이었다.

예수는 사람의 아들이라는 속성 때문에 갈릴리 촌사람이라고 멸시를 받았다. 그러나 예수님이 십자가에서 죽으시고 삼일 만에 부활하셨다. 이제 하나님의 본체가 나타났다.

죽음에서 부활하신 예수는 하나님 자신이었다.

사람의 아들은 때가 되면 죽어야 한다. 이제 때가 되어서 죽어야 할 때가 왔다. 예수님이 죽으면 인자 곧 사람의 아들이라는 껍데기를 벗게 된다. 그 껍데기를 벗으면 속에 알맹이가 나오는데 참 하나님의 모습이 나온다. 그 모습이 부활하신 영광스런 하나님의 본체이시다. 그래서 예수님은 인자가 영광을 얻을 때가 왔다고 선언했다.

예수님이 인자라는 껍데기를 깨뜨리니까 부활하여 하나님의 본체가 나타났다.
나를 깨고 내가 부서질 적에 내 안에 있는 예수 생명이 나오는 것이다.
나를 싸고 있는 것이 무엇인가?
완고한 고집이 나를 싸고 있다. 자존심과 자아가 나를 포장하고 있다. 이것이 깨져야 내 안에 계신 예수가 나오게 되어 있다.

사람들은 껍데기를 중요하게 생각한다. 나는 박사다. 나는 인물이 잘생겼다. 나는 부자이다. 나는 명예가 있다. 나는 큰 교회를 목회한다. 이런 것은 다 껍데기다. 이런 것들이 다 깨어지기 전에는 내 안에 예수가 나올 수가 없다. 껍데기는 깨지고 부서지고 녹아져야 한다.
예수는 '인자'라는 껍데기를 깨는 것이 십자가이다. 십자가에서 죽고 무덤에 장사 되니 거기서 인자라는 껍데기를 벗고 부활체의 영광스런 하나님의 본체가 나온 것이다.

사도 바울도 껍데기가 단단히 쌓여져 있었다.

"나는 바리새인 중에 바리새인이였다. 나는 당대의 최고의 율법학자 가말리엘의 문하생이였다. 나는 벤아민 지파 왕족이였다. 나는 태어나면서 로마 시민권을 가졌다."

바울은 이런 껍데기를 자랑했다. 그런데 어느 날 이런 것은 내가 자랑할 바 못 되는 것이고 이런 것은 배설물(빌 3:8)과 같구나! 바울이 이런 껍데기를 배설물로 알고 다 버리니까 그 안에 예수가 나왔고 예수 능력이 나타났다. 그가 이방인을 위한 사도로 쓰임을 받게 되었다.

나는 깨어져야 하리
나는 부서져야 하리
나는 죽어져야 하리
내 마음은 물 쏟듯 쏟아져야 하리
그리고 전능자의 손에서
다시 빚어져야 하리.

12

거듭남 이후에 짓는 죄

chapter 12
거듭남 이후에 짓는 죄

"저녁 먹는 중 예수는 아버지께서 모든 것을 자기 손에 맡기신 것과 또 자기가 하나님께로부터 오셨다가 하나님께로 돌아가실 것을 아시고 저녁 잡수시던 자리에서 일어나 겉옷을 벗고 수건을 가져다가 허리에 두르시고 이에 대야에 물을 담아 제자들의 발을 씻기시고 그 두르신 수건으로 씻기기를 시작하여 시몬 베드로에게 이르시니 가로되 주여 주께서 내 발을 씻기시나이까 예수께서 대답하여 가라사대 나의 하는 것을 네가 이제는 알지 못하나 이 후에는 알리라 베드로가 가로되 내 발을 절대로 씻기지 못하시리이다 예수께서 대답하시되 내가 너를 씻기지 아니하면 네가 나와 상관이 없느니라 시몬 베드로가 가로되 주여 내 발뿐 아니라 손과 머리도 씻겨 주옵소서 예수께서 가라사대 이미 목욕한 자는 발밖에 씻을 필요가 없느니라 온몸이 깨끗하니라 너희가 깨끗하나 다는 아니니라 하시니 이는 자기를 팔 자가 누구인지 아심이라 그러므로 다는 깨끗지 아니하다 하시니라"(요 13:3-11).

예수님이 십자가를 지시기 전날 밤에 제자들의 발을 씻기신 일은 모두가 다 아는 사실이다. 이것은 당시 종이 주인의 발을 씻기고 낮은 자가 높은 자의 발을 씻기는 상식을 뛰어넘어서 행하여진 일이였다.

여기서 예수님과 베드로의 대화를 들어보자. 예수님이 베드로의 발을 씻기려 하자 베드로는 이렇게 말했다.

"주여, 주께서 내 발을 씻기시나이까?"
"나의 하는 것을 네가 이제는 알지 못하나 이 후에는 알리라"

"내 발을 절대로 씻기지 못하시리이다"
"내가 너를 씻기지 아니하면 네가 나와 상관이 없느니라"

"주여, 내 발뿐 아니라 손과 머리도 씻겨 주옵소서"
"이미 목욕한 자는 발밖에 씻을 필요가 없느니라 온몸이 깨끗하니라 너희가 깨끗하나 다는 아니니라"

발 씻기는 사건과 더불어 예수님과 베드로의 대화 가운데 믿음 생활의 중요한 교리와 원리를 말씀하고 있다.

이단으로 규정된 기쁜소식선교회가 말하는 구원론은 우리와 다르다. 기쁜소식선교회를 줄여서 구원파라고 부른다. 구원파는 천국은 거듭난 사람이 들어가는데 한번 거듭난 사람은 그 이후 어떠한 죄를 짓더라도 육체가 죄를 짓는 것이고 영은 죄를 짓지 아니한다고 했다. 그래서 사람들이 매력을 느끼는 말을 했는데 '중생한 영혼은 범죄하지 않는다.'고 했다.

그들은 거듭남까지는 잘 가르치고 있는데 거듭남 이후에는 회개 기도가 없다. 죄와 저주는 예수님이 십자가에서 다 가져가고 용서받았는데 회개 기도를 하는 것은 마귀에게 속한 자들이 하는 짓이라고 가르치고 있다.

구원파의 말을 믿고 신앙생활 하다가 거듭난 이후에 짓는 죄를 회개하지 못한 영혼은 다 지옥으로 가는 것이다. 사람이 거듭나야 천국 가는 것은 맞는 말이다. 그러나 사람이 짓는 죄를 영과 육으로 분리시켜서 거듭난 이후에 짓는 죄는 육신이 짓는 죄이고 거듭난 영은 죄와 관계가 없다는 주장은 이원론적인 것으로 잘못된 것이다. 이런 교리는 사단이 주는 영감을 받은 것이다. 사단이 믿는 사람들을 미혹하여 지옥으로 끌고 가는 함정을 만들어 놓은 것이다.

이런 사람들에게 우리는 반문할 수 있다.
"그렇다면 당신은 거듭났는데 왜 교회 다니는가?"
"거듭나서 천국 생명록 책에 이미 이름이 기록되어져 있고 앞으로 무슨 죄를 지어도 그 이름은 지워질 수 없는데 왜 교회 다니는가?"

이에 비하여 칼뱅은 무슨 말을 했는가?
장로교 신자라면 칼뱅의 5대 교리를 알고 있다. 칼뱅의 5대 강요 중에

'궁극적 구원인 견인의 교리'가 있다.

　장로교 안에서 칼뱅을 보면 칼뱅은 위대한 신학자임이 분명하다. 그러나 장로교 밖에서 칼뱅을 연구하면 칼뱅은 제네바 시 의회 의장으로 4년 동안 재임하면서 자기와 신앙 사상이 맞지 않는 사람을 공식적으로 화형을 시키고 죽인 사람이 58명이며 비공식적으로 죽인 사람은 너무나 많다. 그 당시 제네바시 인구가 13,000이었다. 다른 사람이 가진 신앙과 교리가 나와 같지 않다고 그 사람을 죽인다면 그 일은 종교 개혁이 될 수 없는 범죄 행위이다. 이렇게 사람을 많이 죽인 사람이 회개는 하였는가?

　칼뱅은 장로교회의 창시자이다. 우리 교회는 장로교단이지만 칼뱅주의적 입장에서 칼뱅이 주장한 것을 그대로 따라가는 것이 아니다. 칼뱅도 잘못된 것이 있다. 잘못된 것은 개혁하고 성경으로 돌아가야 한다는 개혁주의적 입장이다.

　칼뱅의 5대 강요 중에 견인의 교리를 요약하면 이렇다. 하나님에 의하여 선택받고, 예수 그리스도로 말미암아 죄 사함을 받고, 성령으로 거듭난 사람은 전능하신 하나님의 능력으로 믿음을 유지하며, 그 결과 영원한 구원을 받게 된다는 것이다. 더 간추려 요약하면 한번 선택받고 예수를 믿어 성령으로 거듭난 사람의 영혼은 다시 멸망하지 않고 마지막 날에 다 천국에 입성한다는 것이다. 그래서 칼뱅 교리 신봉자들은 말하기를 우리가 예수를 구주로 고백하고 성령으로 말미암아 거듭나는 것은 일회적 사건이며 그 구원은 영원히 지속된다고 한다. 거듭나는 순간 과거의 죄도 사함을 받고, 현재의 죄도 사함을 받고, 미래에 지을 죄까지 다 용서 받는다는 것이다.

칼뱅은 한번 중생한 사람은 하나님의 은혜로 그 구원이 효과적으로 지속되어서 마지막 날에는 다 천국으로 갈 수 있다고 주장하였다.

그러면 거듭난 이후에 짓는 죄는 어떻게 되느냐는 질문을 받는다.

구원파에서는 더 이상 회개하는 사람은 마귀에게 속한 사람이라고 정죄한다. 그런데 칼뱅은 한 번 거듭난 사람이 짓는 죄는 천국 가는 데는 지장이 없고 다만 천국에서 상급이 없어진다고 한다. 칼뱅의 교리를 믿으면 구원받는데 무척 안심이 된다. 대개 사람들이 천국만 들어가면 되지 상급이 그렇게 중요한가! 하고 천국에서 상급은 그렇게 중요하게 생각 안 하기 때문이다.

칼뱅의 교리를 믿고 있는 사람들은 이렇게 주장한다.

'거듭난 사람이 죄를 지으면 성령이 그를 회개시키어서 궁극적으로 천국에 들어간다고 한다.'

이것 역시 성령의 속성을 몰라서 하는 말이다.

우리가 죄를 지으면 성령이 탄식한다. 그렇다고 내가 성령의 탄식을 무시하고 회개하지 않으면 성령은 인격자이기에 강제로 회개시키지 않는다는 사실이다. 칼뱅은 거듭남을 구원의 시작으로 보지 않고 구원의 완성으로 보았다. 장로교나 침례교단에 속한 신자 중에 거의 대부분은 한 번 거듭나는 것을 구원의 완성으로 믿고 있다. 지금까지 만들어진 전도지가 다 예수 그리스도를 입으로 시인하고 거듭나면 영생 천국이라는 주제로 전도지를 만들었다. 그렇게 믿다가 죄를 짓고 회개를 소홀히 하여서 구원에서 낙오된다면 그 억울함이 얼마나 클까?

칼뱅의 견인 교리를 믿으면 목사, 장로, 권사는 다 천국 간다는 결론에 도달한다. 목사가 거듭남의 체험 없이 목회하지 않는다. 장로나 권사 집사는 모두 다 예수 믿고 예수님에 대한 신앙고백을 하였고 중생의 체험이 있다. 중생의 체험도 없는 사람이 그런 직분을 받을 수가 없다. 그런데 지옥에는 너무나 많은 기독교인이 있다는 사실을 부정할 수가 없다. 거듭남 이후에 짓는 죄에 대한 회개를 소홀히 하는 것은 구원에서 영적인 암과 같은 존재이다.

우리는 칼뱅 교리를 붙잡지 말고 예수님을 붙잡아야 한다. 성경은 성령의 감동을 입은 사람들이 기록한 것이다. 그러므로 기도하면서 성경을 읽으면 성령이 우리를 깨우쳐 주신다. 성경으로 돌아가야 한다.

하나님 나라에는 생명록 책이 있다. 그 생명록 책에 나의 이름이 없다면 구원받을 수 없다. 칼뱅의 교리는 하나님 나라에 있는 생명록 책에 이름이 한번 기록되어지면 영원히 지워지지 않는다고 한다. 그러나 성경은 거듭난 사람도 죄를 짓고 회개하지 아니하면 이름이 지워진다고 했다. 그 생명책에서 나의 이름이 지워지지 않게 하여야 한다.

생명책에 이름은 내가 죄를 지을 때 지워진다. 죄를 지을 때마다 이름이 점점 빛을 잃어가다가 끝까지 회개하지 않으면 지워진다. 생명책에 이름이 지워지지 않게 하는 방법이 날마다 의를 행하며 회개하는 것이다.

성령이 사데 교회에 하신 말씀을 보자

"사데 교회의 사자에게 편지하기를 하나님의 일곱 영과 일곱 별을 가진 이가 가라사대 내가 네 행위를 아노니 네가 살았다 하는 이름은 가졌으나 죽은 자로다. 너는 일깨워 그 남은 바 죽게 된 것을 굳게 하라 내 하나님 앞에 네 행위의 온전한 것을 찾지 못하였노니 그러므로 네가 어떻게 받았으며 어떻게 들었는지 생각하고 지키어 회개하라 만일 일깨지 아니하면 내가 도적같이 이르리니 어느 시에 네게 임할는지 네가 알지 못하리라... **이기는 자는 이와 같이 흰 옷을 입을 것이요 내가 그 이름을 생명책에서 반드시 흐리지 아니하고 그 이름을 내 아버지 앞과 그 천사들 앞에서 시인하리라**"(계 3:1-5).

사데 교회는 살았다 하는 이름은 가졌으나 실상은 죽은 자였다. 네 행위의 온전함을 찾지 못하였다고 했다. 그리고 네가 어떻게 예수를 믿고 어떻게 말씀을 들었는지 회개하라고 권면했다. 그리고 이기는 자는 이와 같이 흰 옷을 입을 것이요 내가 그 이름을 생명책에서 반드시 흐리지 아니하겠다고 했다.

이기는 자는 회개하는 자이고 의를 행하는 자이다. 사데 교회는 예수님이 보았을 적에 행위의 온전한 것을 찾지 못하였다. 성령님의 권고는 회개하고 흰 옷을 입으라고 하였다. 죄를 회개하는 자가 생명록 책에서 이름이 지워지지 않는다.

　성령이 죄를 지적하였는데 그 죄를 회개하지 못하면 이긴 자가 아니라진 자이다. 죄를 짓고 회개하지 못한 자는 생명책에서 이름이 지워진다. 사데 교회 성도들은 자신은 천국 간다고 믿고 있지만 예수님이 보실 때는 영적으로 죽어 있는 교회이었다.

　구약에서도 여호와 하나님께서 모세에게 말씀하기를, 범죄 하는 영혼은 생명책에서 이름을 지워버리겠다 하셨다. 오늘 수많은 교인들이 나의 믿음만큼은 천국 간다고들 착각하고 있다. 이대로 죽으면 지옥인데도 깨닫지를 못하고 교리에 묶여서 천국 간다고 하고 있으니 얼마나 위험한 신앙생활을 하고 있는지 안타깝다. "이미 목욕한 자는 발밖에 씻을 필요가 없느니라"

　목욕을 하였다는 것은 예수 그리스도를 믿고 거듭났다는 것이다. 그리고 발을 씻는다는 것은 거듭났다 할지라도 매일 매일의 삶에서 짓는 죄를 날마다 회개하여야 한다는 의미다. 예수님이 베드로의 발을 씻기려 하자 베드로는 내 발을 절대로 씻기지 못한다고 했다. 예수님은 "내가 너를 씻기지 아니하면 네가 나와 상관이 없다"고 했다.

베드로는 이미 예수를 믿는 신앙고백이 이뤄진 사람이다. 그리고 예수님으로부터 칭찬도 받았었다. 베드로는 "주는 그리스도시요 살아계신 하나님의 아들"이라고 고백했고, 예수님은 "요나의 아들 시몬아 네가 복이 있다. 내가 너에게 천국 열쇠를 주리니 음부의 권세가 이기지 못하리라" 칭찬하였다. 그런데 베드로는 오늘도 길에서 제자들끼리 서로 높은 자리 차지하려고 분내고 다투었다.

내가 너를 씻기지 아니하면 네가 나와 상관이 없다면, 예수님과 상관이 없는 사람이 어떻게 천국에 들어갈 수 있는가?

매일 매일의 짓는 죄에 대한 회개가 없다면 예수님과 상관이 없다는 것이다. 예수님과 상관이 없다면 천국에 들어 갈 수 없다.

성막을 연구하면 성막의 문으로 들어가서 가장 먼저 만나는 곳이 번제단이다. 번제단에서 구약의 5대 제사가 이뤄진다. 번제단에서는 제물이 죄인을 대신하여 피 흘려 죽고 불에 태워지는 곳이다. 번제단은 신약에서 십자가의 구속이고 거듭남의 사건이다. 그리고 성소에 들어가기 전에 번제단과 성소의 중간에 놓인 물두멍에서 손과 발을 씻어야 했다. 성소는 천국의 상징인데 물두멍에서 수족을 씻지 않고 성소에 들어가면 죽음을 면치 못한다고 하였다.

"너는 물두멍을 놋으로 만들어 씻게 하되 그것을 회막과 단 사이에 두고 그 속에 물을 담으라 아론과 그 아들들이 그 두멍에서 수족을 씻되 그들이 **회막에**

들어갈 때에 물로 씻어 죽기를 면할 것이요 단에 가까이 가서 그 직분을 행하여 화제를 여호와 앞에 사를 때에도 그리할지니라 이와 같이 **그들이 그 수족을 씻어 죽기를 면할지니** 이는 그와 그 자손이 대대로 영원히 지킬 규례니라"(출 30:18-21).

수족을 씻어 죽기를 면하라고 두 번씩이나 강조하고 있다.

번제단에서 어린 양이 희생되어지는 십자가의 구속의 사건을 체험하였을지라도 천국의 상징인 성소에 들어가기 전에 반드시 물두멍에서 그 손과 발을 씻어서 죽기를 면하라고 하셨다.

예수의 피 공로로 죄 씻음을 받고 거듭났다 할지라도 성소인 천국에 들어가기 위해서는 날마다 짓는 죄를 회개하고 죄 씻음을 받아야 한다.

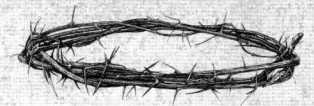

13

너희에게 유익이라

chapter 13
너희에게 유익이라

"그러하나 내가 너희에게 실상을 말하노니 내가 떠나가는 것이 너희에게 유익이라 내가 떠나가지 아니하면 보혜사가 너희에게로 오시지 아니할 것이요 가면 내가 그를 너희에게로 보내리니 그가 와서 죄에 대하여 의에 대하여 심판에 대하여 세상을 책망하시리라 죄에 대하여라 함은 저희가 나를 믿지 아니함이요 의에 대하여라 함은 내가 아버지께로 가니 너희가 다시 나를 보지 못함이요 심판에 대하여라 함은 이 세상 임금이 심판을 받았음이니라"(요 16:7-11).

예루살렘 근처 베다니 동리에 살던 나사로가 갑자기 죽었다. 가족들은 관례에 따라 나사로를 돌무덤 속에 장사 지냈다. 죽은 자를 장사지내고 나 흘째 되는 날에 베다니에 도착한 주님은 이미 죽어서 시체가 썩어 냄새나는 나사로를 살렸다. 이 놀라운 소식은 곧 예루살렘으로 퍼져나갔고 소문을 들은 자들은 거의 모두 예수님의 추종자가 되었다. 그러나 당시 종교 지도자들은 큰 위협을 느끼지 않을 수 없었다. 예수 때문에 자신들의 종교적 기득권과 기반이 무너질 것만 같았기 때문이다. 이미 예수를 그리스도로 인정하는 자는 출교한다는 포고문을 발표하였지만, 이것 가지고는 안 되었다. 더 강력한 어떤 행동을 하지 않으면 안 되었다. 나사로 때문에 많은 사람이 예수를 믿었기에 나사로까지 죽이기를 꾀하였다.

이스라엘 공회의 의장인 가야바는 긴급으로 이스라엘 공회를 소집하였다. 그리고 그들이 보기에는 백성을 선동하고 있는 예수를 어떻게 할 것인지 의논하였다. 그 공회에서 대제사장 가야바가 이렇게 말했다.

"너희가 아무것도 알지 못하는도다 한 사람이 백성을 위하여 죽어서 온 민족이 망하지 않게 되는 것이 <u>너희에게 유익한 줄</u>을 생각지 아니하는도다"(요 11:49-50).

예수를 아예 죽여 버리는 것이 너희에게 유익하다는 것이다. 이때 너희는 누구인가? 가야바 자기 자신을 포함한 종교적 기득권자 모두이다. 그들은 결국 예수를 죽이기로 결의하고 예수를 체포하여 빌라도 총독에게 넘졌다. 그 일은 결코 저들에게 유익한 일이 아니었다. 그들은 하나님의 아들을 십자가에 못 박은 죗값을 그 백성 그 민족이 당하여야 했다.

예수님이 제자들에게 이렇게 말했다.

"내가 너희에게 실상을 말하노니 내가 떠나가는 것이 너희에게 유익이라 내가 떠나가지 아니하면 보혜사가 너희에게로 오시지 아니할 것이요 가면 내가 그를 너희에게로 보내리니"(요 16:7).

예수님도 가야바가 말한 것처럼 너희에게 유익하다는 말을 하셨다. 외형상으로는 가야바의 말과 예수님의 말이 완전 일치가 된다. 그러나 그 의미와 결과는 정반대였다.

이청준 씨의 소설 중에 「당신들의 천국」이 있다. 우리나라 나환자들을 수용한 소록도에 관한 이야기로 그 내용은 이렇다.

5.16 군사혁명이 일어난 지 두 달 후에 나환자들의 집단 거주지 소록도에 현역군인 조백헌 대령이 신임 원장으로 부임했다. 그는 소록도를 둘러본 뒤 소록도를 나환자들의 천국으로 만들 것을 결심했다. 의욕에 찬 계획을 세우고 그것을 실현하기 위해 나 환자들을 강제로 동원하였다. 소록도를 나환자들의 천국으로 건설하겠다는 것은 조 대령의 진심이었다. 나환자들이 자기의 진심을 알아주기를 바랐기에 나환자들의 입장이나 처지는 전

혀 고려하지 않았다. 이 모든 것은 당신들의 천국을 만들기 위함이라며 당당했다. 그러나 환자들은 나병이라는 올무에서 벗어나 육지에서 정상인과 더불어 사는 것이 소원이지 소록도에 갇혀서 거기에서 일생을 끝내고 싶지 않은 것이었다. 나환자들의 병 낫기를 소망한 꿈, 이것을 무시한 천국이란 조 백헌 원장 개인의 천국에 지나지 않았다.

나환자들의 입장에서 보면 너희들의 천국이라는 것은 그들을 소록도에 계속 묶어두려는 거대한 감옥이었다. 그래서 조 대령이 당신들의 천국이라 불렀던 그 천국이 나환자들 보기엔 "조 대령 당신의 개인적인 야망을 위한 당신의 천국이오"하고 부르짖는다. 그래서 「당신들의 천국」이라는 제목이다.

오늘날 교회에도 이런 현상들이 일어나고 있다. 능력 있는 목사들은 거대한 교회를 짓는다. 이것은 하나님 나라의 확장이고 여기에 동참하여 헌금을 많이 바치면 너희들이 복을 받는다고 한다. 그래서 성도들은 복을 받기 위하여 빚을 내서라도 많이 바쳤다. 그래서 교회는 큰 교회가 되었다. 그런데 교회는 세속화되고 큰 교회 목사는 교회 안 밖에서 대접을 받는다. 그런 목사는 세상적 가치로 볼 때 성공하였다. 그런데 성경이 말하는 하나님 나라와 하나님 백성으로 사는 일과 천국 상급과는 본질에서 너무나 멀어졌다.

마치 조 대령이 나환자들을 위한다고 야심찬 일을 하였지만, 나환자들의 꿈은 건강이 회복되고 소록도라는 섬을 나가서 정상인들과 함께 사는 것이지 소록도가 천국은 아니었다. 그리스도인들이 갖는 믿음의 궁극적 목적은 예수 믿어서 영생을 얻고 천국 가는데 있다. 그런데 결국은 천국과 동떨어진 일들이 벌어지고 있다.

대제사장 가야바는 너희들의 유익이라 하였지만, 그 자신의 영달을 위한 것이었다.

예수님은 내가 떠나는 것이 너희에게 유익이라 했다. 너희 곁을 떠나는 것, 다른 말로 하면 십자가에서 죽는 것이 너희들에게 유익이고 내 대신 성령이 너희에게 오실 것이니 너희에게 유익이라는 것이다.

하나님은 영이시다. 영이신 하나님은 시간과 공간의 제한을 받지 않으신다. 그럼에도 불구하고 영이신 하나님께서는 시간과 공간의 제한을 받는 인간의 몸을 입고 인간의 문화 속으로 오셨다. 그 하나님이 부활 승천하여 하늘로 가시고 시간과 공간의 제한을 받지 않는 성령을 보내주시겠다고 하였다.

육신을 입으신 예수님은 시간과 공간의 제한을 받아야 했다. 병든 자가 예수님을 만나기 위해서 수백 리 길을 걸어와야 했다. 육신을 입으신 예수님이 사람을 만나기 위하여 여름에 땀 흘리며 사마리아에 있는 야곱의 우물가로 가서 구원을 갈망하며 절규하고 있는 사마리아의 한 여인을 만나야 했다. 그러나 성령이 오시니까 이 공간 안에 모든 사람 위에 다 성령이 임재하여 있다. 태평양 건너 한국에 있는 성도들이나 미국에 있는 성도들에게도 이 시간 성령이 임재하여 있다. 성령은 시간과 공간을 초월하여 역사하신다.

보혜사는 성령님에 대한 다른 이름이다. 예수님을 대신하여 보혜사 성령이 오면 보혜사가 하는 일이 무엇이라고 했는가?

"그가 오시면 죄와 의 심판에 관한 세상의 그릇된 생각을 꾸짖어 바로 잡아 주실 것이다"(표준새번역).

죄가 무엇인가를 가르쳐 주는 것은 율법이지만 죄를 심판하는 분은 그리스도이다.

성령께서 우리를 도우시는 가장 큰 일은 성령이 우리 죄를 깨닫게 하시고 죄를 책망하신다는 것이다. 성령님께서 우리를 꾸짖지 않으면 우리는 죄에 대하여 깨닫지 못하고 죄로 인하여 망할 수밖에 없다. 죄에 대한 회개 없이 결코 하나님 백성이 될 수 없으며 죄 문제 해결 없이는 결코 천국에 들어갈 수 없다.

성령께서 우리를 책망하시고 꾸짖어 주어야 바른 각성이 있다. 성령이 우리의 양심을 찔러 우리를 깨워 주지 않는다면, 우리는 언제나 허망한 욕망과 추악한 이기심 그리고 이기적인 감정을 따라 살 수밖에 없다.

성령 충만한 사람은 누구인가?

성령 충만한 사람은 성령님의 책망을 사모하는 자이다. 성령의 꾸짖음에 민감한 사람이다. 그런 사람만이 진리를 구현하며 하나님의 백성으로 살 수가 있다. 성령의 꾸짖음은 꾸짖음만으로 끝나지 않는다.

보혜사는 '곁에 계시는 자'라는 의미와 '위로자'란 의미도 있다. 성령은 우리 곁에서 우리를 위로하고 격려하신다.

의사는 상처의 아픈 부분에 칼을 들이대고 수술을 하지만, 수술 후에는 꿰매고 약을 바른다.

칼을 들이대는 것이 말씀으로 죄를 꾸짖는 일이라면 꿰매고 약을 바르는 것은 보혜사 성령의 위로하는 사역이다.

"죄에 대하여라 함은 저희가 나를 믿지 아니함이요"(요 17:9).

죄 중에 가장 큰 죄는 하나님을 믿지 않는 죄다. 그 죄는 마지막 지옥 형벌로 다스려진다. 사람은 종교적 심성이 있기 때문에 하나님을 믿지 않으면 우상이나 미신을 믿을 수밖에 없다. 하나님이 인간에게 영원을 사모하는 마음을 주었기 때문이다.

사도 바울은 모든 만물에 하나님의 신성이 계시되어 있다고 했다. 하나님이 창조한 모든 만물에 하나님의 신성이 있어서 하나님을 계시하기 때문에 하나님을 알게 되어 있는데 그 하나님을 바로 알지 못하면 귀신에게 끌려간다.

"예로부터 바다에 둘러싸인 섬 주민들은 귀신에 민감하다. 삶의 터전이 바다일 수밖에 없고 바다는 예측 없이 사람들의 생명을 앗아가기에 늘 죽음에 대한 공포 속에서 살아가는 그들로서는 무속에 의지할 수밖에 없었다. 우리나라 제주도는 지금 국제적 관광지로 개발되었지만, 제주도에 사는 원주민은 아직도 무속적 풍속이 그대로 남아 있다.

제주도 사람들은 아무 때나 이사를 하지 않는다. 잘못 이사하다가는 귀신에게 화를 입는다고 믿고 있다. 그들이 이사하는 날은 1년 중 신 구간이라는 특정한 기간 동안에만 이사한다. 그 이유는 이렇다. 그 기간 동안에는 귀신들이 휴가를 간다고 한다. 또 귀신들의 인사이동으로 공백기가 된다는 것이다. 귀신들이 휴가 가거나 인사이동으로 새로운 귀신이 그 마을에 와서 마을 사람들을 파악하기 전에 얼른 이사를 한 뒤, 마치 이사하지 않은 것처럼 시치미를 떼고 있으면 휴가 다녀오거나 새로 부임한 귀신이 그 사실을 알아차리지 못해 해코지를 못 한다는 것이다.

이것은 인간이 얼마든지 귀신을 속일 수 있다는 생각을 갖고 있는 것이다. 그처럼 인간이 속일 수 있는 귀신이기에 귀신은 인간에 대해 의의 심판을 할 수 없다는 잠재의식이다.

그러므로 미신이나 무속에 아무리 빠져들어도 그 당사자의 삶이 거룩하고 의롭게 변화되지 못하는 이유다. 그저 마음 내키는 대로 살다가 필요하면 언제든지 귀신을 속이거나 달래기만 하면 되기에 구태여 의롭게 살려는 노력이 없다. 그러나 우리가 믿는 여호와 하나님은 그런 천박한 귀신이 아니다. 인간의 속임수에 속아 넘어가는 신이 아니다."(이재철. 요한과 더불어)

다윗이 궁궐 속에서 충신 우리아의 아내 밧세바를 그의 침실로 불러들였다. 깊은 궁궐 안에서 일어나는 일을 누가 알 수 있을까? 아무도 모를 일이었다. 이 일로 밧세바는 임신이 되었다.

다윗은 그 여자의 남편 우리아를 자신의 신복인 요압 장군을 시켜 전쟁터에서 적군에 의하여 감쪽같이 죽여 버렸다. 그 또한 세상 사람은 아무도 모를 일이었다. 그는 완전 범죄로 성공했고 아무도 모를 일로 안심하였다. 세상에 완전 범죄는 없다. 수사관들의 말에 의하면 이 세상에 완전 범죄는 공중목욕탕 안에서 오줌 싸는 일 외에는 없다고 하였다. 그러나 하나님은 그 모든 것을 낱낱이 보고 알고 계셨다.

속임수에 사람들은 다 속아 넘어가도 하나님은 결코 속지 않으셨다. 그 사실을 뒤늦게 깨달은 다윗은 이렇게 고백하였다.

"주님 앞에서는 어둠도 어둠이 아니면 밤도 대낮처럼 밝으니 주님 앞에서는 어두움과 빛이 다 같습니다"(시 139:12 표준새번역성경).

다윗은 그 하나님 앞에서 회개하며 굴복할 수밖에 없었다. 성령이 오시면 죄를 들추어내시고 의에 대하여 심판하신다.

보혜사는 성령에 대한 별명이다. 예수님이 십자가에서 죽으시고 부활 승천하시어서 땅에 계시지 않으셨지만, 예수님은 내가 보내 줄 나의 영 곧 성령이 이제 세상 끝날 때까지 너희와 함께할 것이라고 약속하셨다.

예수님은 내가 떠나는 것이 너희에게 유익이라 말씀하시고 예수의 영 성령을 보낼 것을 약속하셨다. 그리고 부활하신 후 승천하시기 전에 다시 성령을 언급하셨다.

"오직 성령이 너희에게 임하시면 너희가 권능을 받고 예루살렘과 온 유대와 사마리아와 땅끝까지 이르러 내 증인이 되리라"(행 1:8).

오순절 날에 마가의 다락방에서 기도하던 성도들에게 성령이 임하였다. 성령은 믿는 자에게 오신다. 성령을 구하고 찾는 자에게 오시고 순종하는 자에게 오신다.

성령이 임하면 권능을 받고 능력이 임한다

성령의 능력은 나를 변화시키는 힘이다.
성령은 죄인을 의인으로 만든다.
성령은 추한 사람을 정한 사람으로 만든다,
성령은 불의한 사람을 의인으로 만든다.
성령은 세속적인 사람을 하나님의 사람으로 만든다.
성령은 우리로 하여금 땅끝까지 이르러 그리스도의 증인으로 살 것을 요구하신다.

14

내가 목마르다

chapter 14
내가 목마르다

"이후에 예수께서 모든 일이 이미 이룬 줄 아시고 성경으로 응하게 하려 하사 가라사대 내가 목마르다 하시니 거기 신 포도주가 가득히 담긴 그릇이 있는지라 사람들이 신 포도주를 머금은 해융을 우슬초에 매어 예수의 입에 대니 예수께서 신 포도주를 받으신 후 가라사대 다 이루었다 하시고 머리를 숙이시고 영혼이 돌아가시니라"(요 19:28-30).

복음서를 보면 예수님이 심문을 받는 내용이 기록되어져 있다. 4복음서에 흩어져 있는 말씀을 종합해서 정리하면 예수님은 이렇게 끌려다니면서 심문을 받았다.

예수님은 제자들과 함께 겟세마네 동산에서 밤새워 기도하시고 새벽녘에 대제사장이 보낸 군졸들에게 체포당하여 주었다.

1) 먼저 그들은 예수를 이끌고 당시 대제사장 가야바의 장인 안나스에게로 갔다.(요 18:13) 이 사람 안나스는 로마의 압력에 의하여 대제사장 자리에서는 물러났지만, 배후에서 이스라엘 공회에 영향력을 행세하며 원격조정하고 있었다.

2) 안나스는 예수를 결박한 채로 대제사장 가야바에게로 보냈다.

가야바는 새벽에 이스라엘 공회를 모으고 예수를 죽일 수 있는 죄목을 논의했다. 가야바는 예수를 보자 이렇게 물었다.

"네가 하나님의 아들 그리스도인지 우리에게 말하라"(마 26:63).

예수님은 간단히 말했다.

"네가 말하였느니라"

내가 하나님의 아들이고 내가 '그리스도'라는 것을 네 입으로 말했다는 것이다. 예수님은 한 마디 더했다.

"내가 너희에게 말한다. 이후에 인자가 권능의 우편에 앉아 있는 것과 하늘 구름을 타고 오는 것을 너희가 보리라"(마26:64).

대제사장 가야바는 자기 옷을 찢으며 저가 참람한 말을 하였고 신성 모독죄를 범하였다고 예수를 죽일 죄목을 정하였다. 신성 모독죄를 지은 자는 율법에 돌로 치라 하였다.

대제사장은 예수가 그리스도라는 말을 자기 입으로 하였고, 예수님은 네가 네 입으로 말하였다고 하였지만, 예수를 믿을 생각은 1%도 없었다. 이 사람 예수를 죽여 없애겠다는 생각뿐이다. 가야바는 그가 생각한대로 예수가 신성 모독죄를 지었다는 죄를 찾았으나 사람을 죽일 수 있는 권한이 없었다. 율법에 의거 돌로 칠 수는 있었으나 예수를 그렇게 죽이면 안 된다. 십자가를 지워서 저주받은 자로 죽여야 한다. 율법에 나무에 달린 자는 저주 받은 자라 하였으니 죽은 후에도 그를 추종하는 자가 없도록 하여야 한다. 그래서 예수를 당시 총독이었던 빌라도에게 보냈다.(마 27:2)

3) 당시 로마에서 임명된 총독 빌라도는 예수를 심문하여 보았지만, 죽일 만한 죄를 찾지 못했다. 빌라도는 로마에 반기를 들어 민란을 일으키거나 로마에 세금을 바치지 않는 사건만 관여하지 이스라엘의 종교법에 저촉은 관할하지 않았다. 그래서 예수를 이스라엘의 허수아비 왕이지만 헤롯에게 보냈다.(눅 23:7)

4) 헤롯은 예수를 보기를 원했었다. 예수는 이적의 사람이라는 것을 들었

기에 예수에게 이적을 행할 것을 요구했다. 그러나 예수는 아무런 이적도 행치 아니하고 침묵으로 일관했다.

5) 헤롯은 예수를 다시 빌라도에게로 보냈다.(눅 23:11)

예수는 새벽 미명부터 네 사람으로부터 다섯 차례 심문을 받았다.

(1)안나스 - (2)가야바- (3)빌라도 - (4)헤롯 - (5)빌라도

내가 목마르다

예수님이 골고다에서 십자가에 달렸다. 그 십자가에서 예수님은 7마디 말씀을 하였는데 그 중에 요한복음은 3마디를 기록하고 있다. 그 3마디 말씀 중에 한 말씀이 '내가 목마르다' 했다.

"이후에 예수께서 모든 일이 이미 이룬 줄 아시고 성경으로 응하게 하려 하사 가라사대 내가 목마르다 하시니"(요 19:28).

예수님은 야곱의 우물가에서 사마리아 여인을 만난 적이 있었다. 야곱의 우물가에서 물 길르러 온 사마리아 여자에게 물 좀 달라고 요청했었다.

예수님이 그 여자에게 물 좀 달라 한 것은 그 여자에게 영원히 목마르지 아니한 영생하는 물을 주시기 위하여 물을 달라 하였던 것이다.

"이 물을 먹는 자는 다시 목마르겠거니와 내가 주는 물을 먹는 자는 영원히 목마르지 아니하리니 나의 주는 물은 그 속에서 영생하도록 솟아나는 샘물이 되리라."

그리스도께서 지금 십자가에서 목마르다 한 것은 우리 대신 목말라 한 것이다. 그가 목마름으로 우리는 목 다시 갈함 없는 영생하는 생수를 마시게 된 것이다. 그가 목말라 함으로 우리의 기갈한 영혼이 해갈을 받게 되었다.

"너희 목마른 자들아 물로 나아오라 돈 없는 자도 나오라 너희는 와서 돈 없이 값없이 와서 포도주와 젖을 사라"(사 55:1).

지옥은 목마른 곳이다.

우리는 누가복음에 나오는 거지 나사로와 한 부자의 이 이야기를 알고 있다. 거지는 죽어서 천국에 가고 부자는 죽어서 지옥으로 갔다. 그 부자가 천국에 있는 아브라함을 부르며 호소했다.

"아버지 아브라함이여, 나를 긍휼히 여기소서 내가 지금 이 지옥에서 불꽃 중에 고민하나이다 나사로를 보내어 그 손가락 끝에 물을 찍어 내 혀를 서늘하게 하소서."

얼마나 고통스러울까? 그러나 지옥은 물 한 방울의 자비가 허락되지 않는 곳이다. 이에 비하여 천국은 어떤 곳인가?

"저희가 다시 주리지도 아니하며 **목마르지도 아니하고** 해나 아무 뜨거운 기운에 상하지 아니할지니 이는 보좌 가운데 계신 어린 양이 저희의 목자가 되사 **생명수 샘**으로 인도하시고 하나님께서 저희 눈에서 모든 눈물을 씻어 주실 것임이러라"(계 7:16-17).

"성령과 신부가 말씀하시기를 오라 하시는도다 듣는 자도 오라 할 것이요 **목마른 자도 올 것이요 또 원하는 자는 값없이 생명수를 받으라** 하시더라"(계 22:17).

천국은 예수님의 보좌에서부터 생명수가 흘러나온다. 그 물을 마시면 다시는 목마름이 없는 영생하는 물이다.
"내가 목마르다."
주님의 목마름은 단순한 육체의 목마름이 아니었다.
인간을 구원하시기 원하는 하나님의 구원에 대한 목마름이었다. 인간을 사랑하시는 하나님의 사랑에 대한 목마름인 것이다.
인간에게 채워 주시기를 원하는 하나님의 영원한 생명에 대한 목마름이요 진리에 대한 목마름인 것이다.
예수는 목말라 하시면서 우리에게 영생하는 생수를 주시기를 원하셨다.

"내가 곧 생명의 떡이니 내게 오는 자는 결코 주리지 아니할 터이요 나를 믿는 자는 영원히 목마르지 아니하리라"(요 6:35).

살아있는 자는 모두 목마름을 느끼는 자들이다. 누구이든 예외일 수 없다. 단지 무엇에 대하여 목말라하고 있는가? 그 내용과 대상의 차이만 있을 뿐이다.

예수님이 내가 목마르다 하였을 적에 로마 군병이 무엇인가 예수의 입에 대었다.

"**몰약을 탄 포도주**를 주었으나 예수께서 받지 아니하셨더라"(막 15:23).

"거기 신 포도주가 담긴 그릇이 있는지라 사람들이 **신 포도주를 머금은 해융을 우슬초에 매어 예수의 입에 대니** 예수께서 신 포도주를 받으신 후"(요 19:29).

시편에서는 이렇게 예언했다.

"저희가 **쓸개를 나의 식물로 주며 갈한 때에 초로 마시웠사오니**"(시 69:21).

몰약을 탄 포도주 얼마나 고통스러울까? 그러나 지옥은 물 한 방울의 자비가 허락되지 않는 곳이다. 이에 비하여 천국은 어떤 곳인가?

"저희가 다시 주리지도 아니하며 **목마르지도 아니하고** 해나 아무 뜨거운 기운에 상하지 아니할지니 이는 보좌 가운데 계신 어린 양이 저희의 목자가 되사 **생명수 샘**으로 인도하시고 하나님께서 저희 눈에서 모든 눈물을 씻어 주실 것임이러라"(계 7:16-17).

"성령과 신부가 말씀하시기를 오라 하시는도다. 듣는 자도 오라 할 것이요. **목마른 자도 올 것이요 또 원하는 자는 값없이 생명수를 받으라** 하시더라"(계 22:17).

천국은 예수님의 보좌에서부터 생명수가 흘러나온다. 그 물을 마시면 다시는 목마름이 없는 영생하는 물이다.

"내가 목마르다."

주님의 목마름은 단순한 육체의 목마름이 아니었다.

인간을 구원하시기 원하는 하나님의 구원에 대한 목마름이었다. 인간을 사랑하시는 하나님의 사랑에 대한 목마름인 것이다.

인간에게 채워 주시기를 원하는 하나님의 영원한 생명에 대한 목마름이요 진리에 대한 목마름인 것이다.

예수는 목말라 하시면서 우리에게 영생하는 생수를 주시기를 원하셨다.

"내가 곧 생명의 떡이니 내게 오는 자는 결코 주리지 아니할 터이요 나를 믿는 자는 영원히 목마르지 아니하리라"(요 6:35).

주님은 우리 대신 목말라 하셨다.

주님이 우리 대신 목말라 하였으니 이제 우리는 가만히 앉아 있으면 해갈이 되는가?

예수님이 나의 죄를 십자가로 다 가져갔으니 이제 우리는 죄지으면서 방자하게 살아도 되는 것인가?

기쁜소식선교회에서는 예수님이 내 죄를 다 가져갔으니 우리가 짓는 죄에 대하여 심판이 없다고 가르치고 있다. 방종과 안일을 가르치면서 예수공로를 말한다. 그런 가르침은 귀신의 가르침이다.

"몰약을 탄 포도주"
"예수께서 받지 아니하셨더라."

사형을 집행하는 로마군병은 십자가의 고통을 들어주기 위하여 몰약을 탄 포도주 곧 마취제를 주었던 것이다.

사탄은 예수의 최후의 순간까지 십자가의 구속 사역을 방해하였다. 만약 예수가 그 몰약을 탄 포도주를 마시고 마취되었다면 마지막 말씀 '다 이루었다' 이 말씀을 하지 못했을 것이다. 그러나 예수는 몰약을 탄 포도주를 받지 아니하였다.

의에 주리고 목마른 자는 복이 있다. 우리가 갈급하고 목말라하여야 한다.

"가련하고 빈핍한 자가 물을 구하되 물이 없어서 갈증으로 그들의 혀가 마를 때에 나 여호와가 그들에게 응답하겠고 나 이스라엘의 하나님이 그들을 버리지 아니할 것이라"(사 41:17).

하나님의 말씀을 사모하고 갈급하며 구하여야 한다.
아모스 선지자가 이렇게 예언하였다.

"주 여호와께서 가라사대 보라 날이 이를지라 내가 기근을 땅에 보내리니 양식이 없어 주림이 아니며 물이 없어 갈함이 아니요 여호와의 말씀을 듣지 못한 기갈이라 사람이 이 바다에서 저 바다까지 북에서 동까지 비틀거리며 여호와의 말씀을 구하려고 달려 왕래하되 얻지 못하리니"(암 8:11-12).

지금 지구의 한쪽 구석에는 하나님의 말씀을 듣지 못하여 기근이다. 그 반대로 지금 우리는 말씀의 홍수 시대를 맞이하였다. 홍수 때는 물이 천지를 덮는다. 세상은 온통 물이나 마실 물은 없다. 우리는 말씀의 기근을 맞이했다. 이북은 말씀이 희귀하고 남한은 말씀의 홍수이다. 그러나 나의 영과 혼을 살리는 말씀이 없다. 지금 우리는 나의 영과 혼을 살리는 말씀, 예수님의 입을 대신하는 말씀이 희귀한 시대를 살아가고 있다.

우리는 하나님 나라와 의에 주리고 목마른 자들이 되어야 한다. 그분의 진리와 생명에 관한 말씀을 사모하고 목말라 하여야 한다. 예수님은 산상

내가 목마르다   193

수훈에서 "의에 주리고 목마른 자는 복이 있나니 저희가 배부를 것"(마 5:6)이라고 하였다. 배부르다는 의미는 사모하는 그 의를 채워 주신다는 말씀이다. 예수는 우리를 대신하여 목말라하셨다. 의와 생명, 그리고 영원한 생수를 갈망하며 목말라 하는 자에게 영생하는 물을 마시게 할 것이다.

15

생명의 부활과 심판의 부활

chapter 15
생명의 부활과 심판의 부활

"열두 제자 중에 하나인 디두모라 하는 도마는 예수 오셨을 때에 함께 있지 아니한지라 다른 제자들이 그에게 이르되 우리가 주를 보았노라 하니 도마가 가로되 내가 그 손의 못 자국을 보며 내 손가락을 그 못 자국에 넣으며 내 손을 그 옆구리에 넣어 보지 않고는 믿지 아니하겠노라 하니라 여드레를 지나서 제자들이 다시 집안에 있을 때에 도마도 함께 있고 문들이 닫혔는데 예수께서 오사 가운데 서서 가라사대 너희에게 평강이 있을지어다 하시고 도마에게 이르시되 네 손가락을 이리 내밀어 내 손을 보고 네 손을 내밀어 내 옆구리에 넣어보라 그리하고 믿음 없는 자가 되지 말고 믿는 자가 되라 도마가 대답하여 가로되 나의 주시며 나의 하나님 이시니이다 예수께서 가라사대 너는 나를 본 고로 믿느냐 보지 못하고 믿는 자들은 복 되도다 하시니라"(요 20:24-29).

예수님은 세상에 계실 때에 자신에 대한 스스로의 호칭을 인자라고 했다. 인자는 사람의 아들이라는 뜻이다. 그런데 예수님이 부활하신 이후에는 인자라는 호칭을 사용하지 않았다. 예수님은 부활하심으로 본래의 하나님의 자리에 앉으셨다. 예수님은 창조주 되시는 하나님이지 더 이상 사람의 아들이 아니기 때문이다.

 예수님이 스스로를 인자라고 호칭한 그 말에는 참 하나님이 참 사람이 되셨다는 것이다. 그분의 본성은 하나님의 본체였으나 인자로 오신 예수는 우리와 똑같은 사람이 되셨다. 그러나 근본이 하나님이시기에 죄는 없으신 분이다.

 예수님은 십자가에서 죽으시고 성경의 예언대로 삼일 만에 살아나셨다. 이제는 인자의 옷을 벗었으며, 하나님의 본체로서 하나님의 보좌에 앉으셨다.

 사도 바울은 예수 믿기 전에는 예수 믿는 사람들을 체포하여서 멸하는 핍박자였다. 유대교에 속한 그는 예수가 성경에 예언된 '메시야'라고 믿고 그를 추종하는 사람들에 대하여 심한 적개심을 가진 사람이었다. 그는 예수는 나사렛 땅에서 일어난 이단의 괴수라고 생각했다. 이 도를 쫓는 자들을 잡아 죽이고 예수라는 이름을 천하에서 없이하는 것이 하나님을 잘 믿는 것으로 생각하고 행동에 옮긴 사람이다. 그는 대 제사장에게 가서 이 도를 쫓는 사람을 잡아서 예루살렘으로 잡아 와도 좋다는 권한을 부여받고 몇 명의 군사와 함께 다메섹이라는 도시로 내려가고 있었다. 바울이 예수 믿기 전에 부르던 이름은 사울이었다.

사울 일행이 다메섹 도시에 가까이 왔을 적에 부활하신 예수는 그에게 빛으로 나타나셨다.

하늘에서 강한 빛이 내려 쏟아지면서 사울은 땅에 꼬꾸라졌다.

그 빛 가운데서 분명한 음성이 있었다.

"사울아, 사울아 네가 왜 나를 핍박하느냐?"

사울이 땅에 엎어진 채로 물었다.

"주여, 뉘십니까?"

"나는 네가 핍박하는 나사렛 예수다."

사울에게 나타나신 부활하신 예수는 더 이상 인자가 아니었다. 그분은 창조주 하나님이었다. 사울이 빛 가운데 땅에 엎어졌고, 강한 빛으로 말미암아 실명이 되어서 아무것도 볼 수 없었다. 사울이 실명이 된 것은 태양 빛으로 눈이 어두워지고 장님이 된 것이 아니다. 태양 빛보다 더 밝고 강한 예수로부터 나오는 빛이었다.

예수님은 빛이시고 빛으로 사울에게 나타나셨다. 천국은 태양이 없다. 그러나 예수님으로부터 나오는 빛이 온 천국을 밝히시고 거룩하게 하신다.

예수님이 부활하시고 승천하시기 전까지 40여 일 세상에 계시면서 10여 차례 부활하신 그 모습을 제자들에게 보여주셨다. 그때의 모습은 인자 곧 사람의 모습 그대로이었다. 그러나 육신을 입은 사람과 다른 것은 시간과 공간의 제한을 받지 않으셨다는 사실이다. 제자들은 체포당할까 무서워 방문을 잠그고 있었는데 부활한 예수는 그 가운데 나타나셨다. 엠마오로 가는 두 제자에게 나타나셔서 분명히 대화를 나누고 눈앞에 계셨는데 금세 보이지 아니했다.

인자, 곧 사람의 아들의 모습으로 나타나신 예수님이 승천하신 후에는 빛으로 나타나셨다. 그리고 그분은 우주에 충만으로 자기를 계시하였다. 사도 요한도 밧모 섬에서 기도하다가 부활하신 주님을 보았다. 사도 요한이 들은 주님의 음성은 많은 물소리 같았고 그의 발은 빛나는 주석 같았으며 그의 눈은 온 땅을 감찰하시고 있었다. 지금 그 분은 우주에 충만하며 동시에 하늘 보좌에 계신다. 예수님은 신비 그 자체이시다.

예수님의 제자들이 부활한 예수를 보았을 적에 도마는 그 자리에 없었다. 그래서 제자들이 우리가 부활하신 예수를 보았다고 했을 적에 도마는 예수가 부활하였다는 것이 도무지 믿어지지가 아니해서 이렇게 말했다.

"내가 그 손의 못 자국을 보며 내 손가락을 그 못 자국에 넣으며 내 손을 그 옆구리에 넣어보지 않고는 믿지 아니하겠노라"(요 20:21).

도마가 이 불신의 말을 하고서 정확히 여드레를 지났다. 그 날은 도마와 다른 제자들이 함께 모여서 방문을 닫고 있었다. 그런데 그 가운데 부활하신 예수님이 오셨다. 예수님이 도마에게 말했다.

"네 손가락을 이리 내밀어 내 손을 보고 네 손을 내밀어 내 옆구리에 넣어 보라 그리하고 믿음 없는 자가 되지 말고 믿는 자가 되라"(요 20:27).

도마는 그 자리에서 "나의 주시며 나의 하나님이십니다."하고 고백했다. 예수님이 의심 많은 도마에게 부탁하신 말씀은 **믿음 없는 자가 되지 말고 믿는 자가 되라고 했다.**

부활을 믿어야 한다. 부활을 믿지 못하면 구원받을 수 없다.

부활을 믿을 뿐만 아니라 심판의 부활이 아닌 생명의 부활로 나와야 한다. **부활에는 두 종류의 부활이 있다. 생명의 부활과 심판의 부활이다.**

"선한 일을 행한 자는 생명의 부활로 악한 일을 행한 자는 심판의 부활로 나오리라"(요 5:29).

성경은 생명의 부활로 나오는 사람을 첫째 부활에 참예하는 자라고 했고 심판의 부활로 나오는 사람을 둘째 사망에 참예하는 자라고 했다.

"이 첫째 부활에 참여하는 자들은 복이 있고 거룩하도다 둘째 사망이 그들을 다스리는 권세가 없고 도리어 그들이 하나님과 그리스도의 제사장이 되어 천년 동안 그리스도로 더불어 왕 노릇하리라"(계 20:6).

생명의 부활로 나오는 사람은 그 영과 혼이 부활체를 입고 천국에 들어가는 사람이다. 이에 비하여 둘째 사망에 참예하는 사람은 그 영과 혼이 구원받지 못하고 지옥 유황불에 떨어지는 것이다.

그곳은 마귀와 그 사자들이 있고, 불로 소금 치듯 하는 고통이 있고 죽음이 지나가서 죽을 수도 없는 곳이다. 밤낮 쉼을 얻지 못하는 영혼들이 절규하는 데 그 고통이 영원으로 이어지고 있는 곳이다.

예수님이 말하는 생명은 영원한 생명을 말한다. 예수님은 생명 그 자체이다. 그를 믿는 자에게는 영원한 생명을 덧입혀 주신다.

'나를 믿는 자는 죽어도 살겠다'는 말씀은 예수님을 믿으면 예수의 영원한 생명이 내 안에 들어와서 영생하는 생명으로 거듭나고 마지막 날에 영생하는 생명의 부활로 나오는 것이다.

예수님은 우리에게 영생하는 부활 생명을 주시기 위해서 나의 죄를 담당하고 십자가에서 죽으셨다. 그리고 죽은 지 사흘 만에 살아나셔서 부활의 첫 열매가 되셨다. 그를 믿는 자는 생명의 부활로 나올 것이다.

창조주 하나님은 인간을 위해 두 개의 세계를 지으셨다

하나는 우리가 살고 있는 이 지상세계요, 다른 하나는 인간이 영생할 수 있는 천국이다. 지옥은 마귀와 그 사자들을 위하여 만든 곳이라고 하였다.

창조주 하나님은 인간을 땅 위에 육신을 가지고 태어나게 했다. 그리고 인간의 영원한 생명, 거듭난 생명으로 천국에 들어오게 하여 영원한 행복을 누리도록 했다. 그래서 인간은 육체와 영체 두 몸을 가지고 있다. 땅 위에서는 육체 안에 영체가 같이 거하고 때가 되면 영체는 육체를 벗고 천국으로 비상하는 것이다.

사람이 죽으면 육체는 묘지로 가지만 영체는 영계로 들어간다.
그 순간 두 안내자가 나타난다. 천국으로 가는 사람은 천사가 그를 모시러 온다. 천사가 그를 받들어 간다고 했다. 두 천사가 그를 끼고 초광속으로 천국을 향해 비상한다.
지옥으로 가는 영혼은 마귀가 그를 모시고 가는 것이 아니라 끌고 간다. 지옥으로 가는 영혼은 지옥을 가기 싫어하지만, 마귀의 괴력에 어쩔 수가 없이 끌려간다. 지옥 유황불 구덩이로 떨어지는 순간 고문이 시작된다. 그 순간 천국으로 갈 수 있는 기회가 지상에 있을 때뿐이지 죽어서는 기회가 다 지나갔다는 것을 깨닫는다. 천국은 하늘에 있다. 그러나 천국 가는 길은 땅에서이다. 천국과 지옥은 지상에서 죽음과 동시에 결정된다. 죽어서는 바꿀 수 없다.
그러면 영체는 어떻게 생겼을까?
내가 옷을 벗어 알몸이 되었다고 자신의 모습과 오관과 사고와 의식에 변화가 있는가? 옷을 입었을 때나 벗었을 때나 '나'는 똑같은 사람이다. 내가 입고 있는 옷을 벗었다고 내가 다른 사람이 될 수 없는 것처럼 영체는 내가 육체를 벗어나도 '나'라는 사람은 똑같은 사람이다. 영체가 육체를 떠나면 세상에서는 죽었다고 하지만 사실은 죽은 것도 아니고 달라진 것도 아니다. 그 얼굴, 그 오관, 눈, 귀, 코, 입 그리고 감각, 뛰는 심장, 움직이는 손과 발, 전부 그대로이다.

 살아 있을 때는 영은 육체 안에 갇혀 있다. 영은 물질이 아니다. 영은 육체를 벗음으로써 두뇌는 수십 배 더 명석하여지고, 오관은 육신으로 있을 때보다 훨씬 더 정확하고 예민하여진다. 그리고 육신이 없는 영체는 영적 능력을 행사한다. 영체는 시간과 공간의 제한을 받지 않는다. 영체의 이동 속도는 빛의 속도보다 빠른 생각의 속도로 이동한다. 우주를 생각의 속도로 이동할 수 있다. 영계의 대화는 생각의 대화이다. 상대방이 무엇을 생각하면 서로 그 생각을 읽는다.

 인간의 참 생명은 영체 쪽에 있고, 육체는 썩어서 없어진다.
 육은 무익하고 살리는 것은 영이라고 했다. 영체가 육체를 벗고 떠나면 땅에 두고 간 인간의 육체는 나비가 허물을 벗고 버려둔 껍데기와 같다. 그 육체는 흙으로 돌아간다.
 천국에 있는 영체는 아름답다. 하나님으로부터 은혜를 받아 빛이 난다. 그러나 지옥으로 들어간 영체는 흉측한 괴물이 된다. 어떤 영체는 눈알이 빠져 있다. 거짓말을 많이 한 어떤 영체는 혀가 석 자나 빠져있다. 어떤 영체는 누더기 같은 옷을 입고 괴성을 지른다. 지옥에 있는 어떤 영인도 같은 모습을 한 영인은 없다. 어떤 자는 까만 얼굴에 눈알이 움푹 파이고 뼈만 남아 있다. 어떤 영체는 한쪽 볼의 살이 완전히 떨어져 나가 반쪽 얼굴만 하고 있다. 또 어떤 자는 툭 튀어 나온 악마 같은 이빨로 동물과 같은 괴성으로 소리친다.

뮤지컬 영화에 이런 대목이 있었다. 그 영화에서 가롯 유다의 영혼이 예수 팔은 것을 후회하는 고백이 나온다.
"왜 나에게 이야기하지 않았소?" (Way didn,t you tell me?)
"예수가 부활할 줄 알았다면, 내가 미쳤다고 예수를 팔겠나. 왜 부활할 것이라고 내게 말하지 않았소."

지옥에 떨어진 수많은 영혼들이 목사님에게 항의할 것이다.
왜 나에게 지옥이 있다고 말하지 않았소?
지옥이 이렇게 끔찍한 형벌의 장소라고 왜 말하지 않았소?

가장 무섭고 두려운 것

우리가 생명 있는 동안에 가장 무섭고 두려운 것이 무엇인가?
죽음이 두렵고 죽음 이후에 심판이 두렵고 지옥에 떨어질까 두렵다. 만약 내가 영원히 산다면 죽음도 두렵지 않고 지옥도 두렵지 않다. 그러나 사람은 죽어야 하고 죽음 이후에 지옥에 갈까 두려운 것이다.

그러면 죽음을 호령하고 죽음을 이길 수 있는 것이 무엇인가?

생명의 부활로 나오는 것이다.

죽어서 사망의 부활, 심판의 부활로 나오지 않고 생명의 부활로 나오는 것이다.

생명의 부활은 누구 안에 있는가? 예수 안에 있다.

예수를 믿고 죄를 회개하면 생명의 부활로 나온다.

구원은 믿음으로 받고 심판은 우리의 행위로 받는 것이다.

사람은 누구나 죄인이다. 죄인이 심판을 받지 않으려면 예수 그리스도를 믿는 믿음과 함께 회개가 이뤄져야 한다.

예수님은 부활을 의심하고 부활을 믿지 못하였던 도마에게 하신 말씀은 **믿음 없는 자가 되지 말고 믿는 자가 되라고 하셨다**. 부활을 의심하고 믿지 못하면 생명의 부활로 나올 수 없다.

의심하는 도마는 하마터면 생명의 부활을 얻지 못했을 뻔하였다. 그러나 도마는 "나의 주시며 나의 하나님이십니다."하고 곧 회개하고 부활하신 예수를 믿었다.

생명의 부활과 심판의 부활이 언제 일어나는가?

안식교 교단에서는 우리가 죽으면 다 잠자는 상태에 있다가 믿는 자는 예수님이 재림할 때 부활하고 믿지 않는 자는 천년왕국이 끝나고 백 보좌 심판 때 부활하여 지옥으로 들어간다고 가르친다. 이것은 잘못된 가르침이다. 그렇다면 지금 천국은 죽음을 보지 않고 승천한 에녹과 엘리야 두 사람만 있을 것이고 지옥도 비어있어야 한다.

예수님은 이렇게 말씀했다. 하나님은 죽은 자의 하나님이 아니고 산자의 하나님이라고 했다. 천국에서 아브라함이 살아 있고 이삭이 살아있고 야곱이 살아있다. 하나님은 죽은 자의 하나님이 아니고 잠자는 자의 하나님도 아니며 살아 있는 자의 하나님이시다.

부활은 생명의 부활도 사망의 부활도 우리가 죽음과 동시에 일어나는 것이다. 믿는 자는 생명의 부활로 나오고 믿지 않는 자는 심판의 부활인 사망의 부활로 나오는 것이다.

선한 일을 한 자는 생명의 부활로 악한 일을 행한 자는 심판의 부활로 나온다. 생명의 부활로 나오는 사람은 주님의 말씀을 부끄럽게 생각하지 말아야 한다.

"누구든지 이 음란하고 죄 많은 세대에서 나와 내 말을 부끄러워하면 인자도 아버지의 영광으로 거룩한 천사들과 함께 올 때에 그 사람을 부끄러워하리라"(막 8:38).

예수님이 부끄러워하는 사람이라면 그 사람은 구원받을 수 없다. 오늘이 세대는 많은 사람이 예수의 말씀을 부끄러워하고 무시하고 경멸하고 있다.

> "믿음의 주요 또 온전케 하시는 이인 예수를 바라보자 저는 그 앞에 있는 즐거움을 위하여 십자가를 참으사 부끄러움을 개의치 아니하시더니 하나님 보좌 우편에 앉으셨느니라"(히 12:2).

하나님이 사람의 자리로 내려오는 것은 부끄러운 일이다. 그 영화로우신 하나님이 죄인의 모습으로 십자가를 지는 것은 부끄러운 일이다. 그런데 예수님은 하나님 자리를 비워두고 사람의 모습으로 온 것을 부끄러워하지 않았다. 나를 위하여 대신 십자가에서 형벌을 받는 것을 부끄러워하지 않으셨다. 그 이유는 하나님은 사랑이기 때문이다. 나를 구원하는 것을 기뻐하셨기 때문이다.

예수님이 십자가에서 내 대신 부끄러움을 당하셨기에 그를 믿고 그분의 말씀에 순종하여 살면 우리를 부끄럽지 않게 하시겠다고 약속하였다.

> "자녀들아 이제 그 안에 거하라 이는 주께서 나타내신 바 되면 그의 강림하실 때에 우리로 담대함을 얻어 그 앞에서 부끄럽지 않게 하려 함이라"(요일 2:28).

생명의 부활로 나와야 부끄러움이 없다.

심판의 부활로 나오면 부끄러움이요 내 영혼의 저주다.

우리가 병들어도 소망이 있고, 낙심하지 않는 것은 무엇 때문인가? 마지막 죽음 앞에서도 초연할 수 있는 것은 무엇 때문인가?

이는 죽어도 살고, 죽음 이후에 있는 하나님 나라의 영광을 바라보기 때문이다.

부활 신앙은 구원의 필수 조건이다.

부활은 죄에 대한 의의 승리다.

부활은 사망에 대한 생명의 승리다.

부활 신앙에 살면 죽어도 영생으로 이어진다.

첫째 부활에 참예하는 사람은 복 있는 사람이다.

16

하나님이 우리를 부르는 호칭

chapter 16
하나님이 우리를 부르는 호칭

"그후에 예수께서 디베랴 바다에서 또 제자들에게 자기를 나타내셨으니 나타내신 일이 이러하니라. 시몬 베드로와 디두모라 하는 도마와 갈릴리 가나 사람 나다나엘과 세베대의 아들들과 또 다른 제자 둘이 함께 있더니 시몬 베드로가 나는 물고기 잡으러 가노라 하매 저희가 우리도 함께 가겠다 하고 나가서 배에 올랐으나 이 밤에 아무것도 잡지 못하였더니 날이 새어갈 때에 예수께서 바닷가에 서셨으나 제자들이 예수신 줄 알지 못하는지라 예수께서 이르시되 얘들아 너희에게 고기가 있느냐 대답하되 없나이다. 가라사대 그물을 배 오른편에 던지라 그리하면 얻으리라 하신대 이에 던졌더니 고기가 많아 그물을 들 수 없더라 예수의 사랑하시는 그 제자가 베드로에게 이르되 주시라 하니 시몬 베드로가 벗고 있다가 주(主)라 하는 말을 듣고 겉옷을 두른 후에 바다로 뛰어 내리더라 다른 제자들은 육지에서 상거가 불과 한 오십 간쯤 되므로 작은 배를 타고 고기 든 그물을 끌고 와서 육지에 올라 보니 숯불이 있는데 그 위에 생선이 놓였고 떡도 있더라 예수께서 가라사대 지금 잡은 생선을 좀 가져오라 하신대 시몬 베드로가 올라가서 그물을 육지에 끌어올리니 가득히 찬 큰 고기가 일백 쉰 세 마리라 이같이 많으나 그물이 찢어지지 아니하였더라 예수께서 가라사대 와서 조반을 먹으라 하시니 제자들이 주(主)신줄 아는 고로 당신이 누구냐 감히 묻는 자가 없더라 예수께서 가서서 떡을 가져다가 저희에게 주시고 생선도 그와 같이 하시니라 이것은 예수께서 죽은 자 가운데서 살아나신 후에 세 번째로 제자들에게 나타나신 것이라 저희가 조반 먹은 후에 예수께서 시몬 베드로에게 이르시되 요한의 아들 시몬아 네가 이 사람들보다 나를 더 사랑하느냐 하시니 가로되 주여 그러하외다 내가 주를 사랑하는 줄 주께서 아시나이다 가라사대 내 어린 양을 먹이라 하시고 또 두 번째 가라사대 요한의 아들 시몬아 네가 나를 사랑하느냐 하시니 가로되 주여 그러하외다 내가 주를 사랑하는 줄 주께서 아시나이다 가라사대 내 양을 치라 하시고 세 번째 가라사대 요한의 아들 시몬아 네가 나를 사랑하느냐 하시니 주께서 세 번째 네가 나를 사랑하느냐 하시므로 베드로가 근심하여 가로되 주여 모든 것을 아시오매 내가 주를 사랑하는 줄을 주께서 아시나이다 예수께서 가라사대 내 양을 먹이라"(요 21:1-17).

예수님이 십자가에서 죽으시고 부활하셨고 제자들에게 부활하신 모습을 이미 두 번 보여 주셨다. 베드로는 지금 제자들과 함께 있었다.

베드로, 도마, 나다나엘, 세베대의 두 아들 야고보와 요한 그리고 이름을 밝히지 않은 두 제자가 함께 있었다.

베드로가 '나는 물고기 잡으로 가노라' 하고 제자들을 선동하였고 베드로를 따라나선 제자들은 그들이 부름 받기 전에 일하던 그 바다로 갔다. 이 사람들은 3년 전 그 바다에서 부름을 받은 사람들이다.

3년 전 그때도 베드로는 밤새도록 고기를 잡았으나 한 마리도 얻지 못하고 빈 그물을 씻고 있었다. 예수님이 베드로에게 깊은 데로 가서 그물을 내려라 했을 적에 베드로는 말씀에 순종하여 깊은 데로 가서 그물을 내렸더니 그물이 찢어지도록 고기가 많이 잡혔었다. 베드로는 그렇게 많이 잡힌 고기를 보면서 예수님의 신성을 깨달았고 자신의 죄성을 깨달았던 것이다.

베드로는 이 바다 속을 손바닥 보듯이 들여다보는 저분은 내 마음속도 다 들여다보고 있다는 것을 깨닫고 주님 앞에 무릎을 꿇고 고백하였다.

"주여 나를 떠나소서. 나는 죄인이로소이다."

그때 주님은 그를 사람 낚는 어부로 불렀던 것이다.

"나를 따르라 네가 이제부터 사람 낚는 어부가 되리라."

예수님의 부름에 베드로는 배도, 아비도, 직업도 다 버리고 예수님의 제자의 길을 따라나섰다. 그런데 지금 베드로는 3년 만에 그 바다로 되돌아왔다. 사명을 버리고 사람 낚는 어부가 아닌 고기 잡는 어부로 돌아갔다.

베드로는 할 일이 없어졌기 때문에 무료하게 있는 것보다 고기나 잡아볼까 하고 그 바다로 다른 제자들을 선동하여 갔던 것이다. 그들은 밤새도록 그물을 던졌지만 한 마리도 잡지 못했다. 새벽녘이 되었는데 부활하신 주님이 그 해변으로 제자들을 찾아왔다.

"얘들아 너희에게 고기가 있느냐?"

"없나이다."

"그물을 배 오른편에 던지라 그리하면 얻으리라"

제자들은 밤이 세도록 수고하였으나 한 마리의 고기가 없었다. 많은 수고를 하였으나 빈 배였고 빈손이었다. 비록 3년이라는 세월이 지났으나 그 바다에서 자란 그들은 그 바다에 익숙하였고 고기 잡는 데는 일가견이 있는 사람들이었다. 그런데 내 노력의 대가가 주어지지 않은 실패였다. 만약에 사명을 버린 자에게 고기가 많이 잡혀서 재미를 붙이고 그 길로 갔다면 축복이 아니라 저주다. 빈 배이어야 주님에게로 돌아올 수 있다. 밤새도록 고기를 잡으려고 노력했으나 한 마리도 잡히지 않고 빈 배라는 것은 아직도 주님이 나를 섭리하고 나를 기다리고 있다는 은혜다. 택함을 받은 사람은 세상이 그를 버려야 주님에게로 돌아간다.

제자들은 "그물을 배 오른편에 던지라"라는 말씀에 예수인 줄도 알지 못하고 그물을 배 오른쪽에 던졌다. 그물에 고기가 가득히 잡혔는데 정확히 153마리라고 기록했다.

"얘들아 너희에게 고기가 있느냐?"

고기란 물고기를 의미하는데 헬라어에는 익투스(ikthus)이다. 신약 성경에 나타난 물고기는 원문에 모두 익투스라는 단어를 사용했다. 그런데 오직 한군데 예외가 있다.

'너희에게 고기가 있느냐'는 익투스가 아니고 프로스파기온(prosphagion)이라는 단어를 사용하였다.

이것은 물고기가 아니라 식탁 위에 오르는 진귀한 음식을 가리키는 단어이다. 단순히 고기라는 의미보다 정말 값어치 있는 것을 '프로스파기온'이라고 말한다.

"얘들아 너희가 정말 진귀한 것을 얻었느냐?"

사명자가 사명을 버리고 허망한 욕망에 붙잡혀서 아무리 수고하여도 결코 그런 귀한 것을 얻을 수 없다는 의미다.

또 예수님이 제자들을 부른 호칭이 얘들아, 하고 불렀다.

얘들아, 파이디온(Paidion)은 아주 작은 아이들을 부를 때 이 단어를 사용한다. 성인인 제자들을 부르는 단어로는 적합지 않은 단어이다. 예수님이 이 단어를 사용해서 제자들을 부른 경우는 여기뿐이다.

지금 자신들이 해야 할 일이 무엇인지, 있어야 할 곳이 어디인지도 알지 못한 채 허망한 바다에 나가서 밤을 새워가며 열심히 헛수고하는 제자들이 예수님의 눈에는 철없는 아이들같이 보였고 그들을 깨우치기 위하여 '얘들아' 하고 부른 것이다.

"얘들아 너희에게 고기가 있느냐?"

'이 철부지들아, 지금 너희들처럼 살아서는 귀한 것을 절대로 얻을 수 없단다. 내가 너희를 불러서 3년 동안 천국의 말씀을 가르쳤다. 너희는 듣고 배우고 훈련되었다. 그런데 그것을 다 버리고 다시 세상으로 갔느냐?'

예수님은 그 철없는 아이들같은 제자들을 향하여 얘들아, 하고 불렀던 것이다.

미디안 광야에서 양치기를 하던 모세를 하나님은 불렀다. 하나님이 모세에게 말씀했다.

"내 백성 이스라엘 자손을 애굽에서 인도하여 내라"(출 3:10).

하나님은 **내 백성**이라고 했다. 이스라엘은 하나님의 백성이다. 그 백성이 모세의 인도로 애굽을 탈출하여 광야로 나왔다.

모세는 40일을 그 산에 있으면서 하나님이 친히 새겨 주신 두 돌 판의 율법을 받았다. 모세가 더디 내려오자 그 백성들은 금송아지를 만들고 그 송아지 앞에서 노래하고 춤추고 금송아지를 찬양하며 금송아지를 경배하고 있었다.

하나님이 모세에게 준 첫째 계명은 '주 너의 하나님만 섬기라.' 두 번째 계명은 '너를 위하여 우상을 만들지 말고 거기에 절하지 말라.' 세 번째는 '하나님의 이름을 망령되이 부르지 말라' 했다. 그런데 그 백성들은 그 계명에 정면 도전했다. 금으로 송아지 우상을 만들었고 그 우상을 찬양하면서 경배하고 있었다. 그때 하나님은 그 백성을 내 백성이라고 부르지 아니했다.

"여호와께서 모세에게 이르시되 너는 내려가라 <u>네가 애굽 땅에서 인도하여 낸 네 백성이 부패하였도다</u>"(출 32:7).

하나님은 금송아지를 섬기는 그 백성을 향하여 내 백성이라고 하지 않고 네가 애굽에서 인도하여 낸 **네 백성이라고** 했다. 내 백성이라면 그렇게 타락할 수가 없다. 그렇게 속히 하나님의 계명을 버릴 수가 없다.

하나님이 나를 향하여 부르는 호칭이 무엇인가?
하나님이 나를 부를 적에, 내 백성이라고 부를 수 있는 사람인가?
'너 하나님의 사람아, 이렇게 부를 수 있는 신실한 하나님의 사람인가?
'내 사랑 내 신부야' 하고 부를 수 있는 그리스도의 신부인가?
하나님은 아브라함을 "나의 벗 아브라함"이라 하였고 예수님은
명하신 말씀을 행하는 자들을 친구라고 불렀다.(요 15:14) 그리고 친구를 위하여 목숨을 버린다고 하셨다.
믿는 자는 하나님의 백성이다. 하나님의 백성은 하나님의 사람으로 살아

야 한다. 그리고 그는 나의 친구라고, 그는 나의 신부라고 부름 받아야 한다. 그런데 믿음을 버리고 타락의 길로 가기에 멸망의 자식, 어둠의 자식이라고 부르지는 않는가?

하나님이 목사를 호칭할 때 내 종이라고 하면 영광스럽다. 그런데 하나님이 목사를 호칭하기를 '그자는 많은 이단을 끌어들였다.'

목사를 종이라 하지 않고 '그자'라고 한다면 심판의 대상인 것이다. 아니면 내 하는 짓이 너무 유치하여서 우리를 부르시는 주님의 호칭이, 얘들아! 하고 부르는 어린아이는 아닌가? 내가 잡으려고 기를 쓰고 있는 것은 무엇인가? 하늘나라에까지 이어지는 값어치 있는 것인가? 아니면 허무함으로 끝나는 세상적인 공허한 것인가?

주님은 "그물을 배 오른편에 던지라. 그리하면 얻으리라" 했다. 예수는 어부 출신이 아니다. 그는 어부와는 거리가 먼 목수이었다. 그런데 그 바다 속을 들여다보고 계신다. 그 시간에 물고기 떼를 배 오른편으로 인도하신다. 제자들은 그물을 배 오른편에 던졌더니 그물에 가득히 고기가 잡혔다. 그 순간 지각력이 뛰어난 요한이 외쳤다.

"주님이시다!"

요한의 말을 듣고 보니, 그물을 배 오른편에 던지라고 말씀하신 그분이 주님이시라는 것을 깨달은 베드로는 겉옷만 몸에 두르고 그대로 바다로 뛰어들어 다른 제자들보다 먼저 주님에게로 왔다. 다른 제자들은 노를 저어 잡은 고기를 끌고 해변으로 나왔다.

요한은 주님을 먼저 알아보는 지각력이 있었고 베드로는 행동하는 제자이었다. 요한이 '주님이시다' 하고 예수님을 알아보았을 때 베드로는 배와 그물 그리고 동역자인 다른 제자들도 다 남겨두고 겉옷만 걸쳐서 최소한의 예의를 갖추고 바다로 뛰어내린다.

그 거리가 약 50간이라고 했다. 50간은 200규빗이고 약 90m이다. 다른 제자들은 배를 노 저어 오는데 베드로는 먼저 주님에게 왔다.

제자들은 부활하신 주님을 만나고 주님이 준비한 떡도 먹고 바다에서 잡은 생선도 구워서 먹었다. 저희가 조반 먹은 후에 예수님이 베드로의 이름을 불렀다.

"요한의 아들 시몬아!"

성경에 나타난 베드로의 호칭을 살펴보자.
베드로의 원래 이름은 시몬이었다.
예수님이 시몬을 만나고 그 이름을 게바라고 불렀다. 당시는 아람어를 많이 사용하고 있었으며 아람어는 앗수르 제국의 언어이다. 앗수르가 북쪽 이스라엘을 무너뜨렸고 앗수르 제국이 오래토록 중동지역을 다스렸었다. 그래서 아람어가 생활 속에서 많이 사용됐다. 게바는 아람어로서 반석이라는 뜻이다. 베드로를 향한 주님의 바람은 반석과 같은 굳건한 믿음을 소유하기를 바랐던 것이다. 이 반석이라는 뜻의 헬라어가 베드로(petros)이다.

신약 성경은 헬라어로 기록되어졌다. 로마가 헬라를 무너뜨리고 로마를 세웠으나 사람들은 헬라문화에 살고 있었다. 베드로의 원래 이름은 시몬이고, 예수님이 시몬에게 부쳐주신 이름은 아람어로 게바이고 그 이름은 헬라어로 베드로다.

예수님이 베드로를 부를 때 이 3가지 호칭을 사용했다.

"시몬아 너의 생각은 어떠냐"(마 17:25)

"시몬아 자느냐? 네가 잠시 동안도 깨어있을 수 없더냐?"(막 14:37)

예수님이 베드로를 시몬이라고 불렀을 때는 친근감으로 불렀다.

예수님은 가이사랴 빌립보 지방에서 제자들에게 물었다.

"세상 사람들이 인자를 누구라고 하더냐?"

"더러는 세례 요한 더러는 엘리야 어떤 이는 예레미야나 선지자 중에 한 사람이라고 합니다."

"그러면 너희는 나를 누구라 하느냐?"

시몬 베드로가 대답했다.

"주는 그리스도시오 살아계신 하나님의 아들이니이다."

"바요나 시몬아 네가 복이 있도다… 내가 너에게 이르노니 너는 베드로라 이 반석 위에 내 교회를 세우리니 음부의 권세가 이기지 못하리라"(마 16:17-18).

이번에는 예수님이 베드로를 요나의 아들 시몬과 베드로를 동시에 사용하였다. 유대 민족은 족보를 중요시했다. 상대에 대하여 격식을 갖추어서 이야기할 때는 아버지의 이름을 말하고 그 아들 이름을 말했다.

"요한의 아들 시몬아, 네가 이 사람들보다 나를 더 사랑하느냐?"

지금 주님 앞에 있는 사람이라고는 6명의 제자 밖에 없다.

이 사람들이란 베드로를 제외한 5명의 나머지 제자들을 뜻하게 된다. 주님께서는 베드로에게 다른 5명의 제자 보다 더욱 주님을 사랑하고 있는지를 물으셨던 것이다. 그런데 옛날 관주 성경에 보면 '이 사람들 보다'를 혹 '이것들 보다'로 주석을 하였다.

이 사람들을 헬라어로는 투톤(touton)인데 이 단어는 지시대명사이다. '이 사람들'이라는 의미도 있지만 '이것들'이라는 의미이기도 하다.

"네가 이 사람들보다 나를 더 사랑하느냐?"

거기에 있는 제자들 야고보, 요한, 빌립, 안드레, 도마, 이런 제자들보다 나를 더 사랑하느냐는 질문인가?

신앙은 하나님과 나와의 절대적 관계이다. 상대적으로 내 신앙이 저 사람보다 낫기에 구원받는다. 나는 저 사람보다 더 하나님을 사랑한다. 그렇게 평가할 수 없다.

'이 사람들 보다'를, 관주의 말씀대로 '이것들 보다' 더 사랑하느냐로 해석하는 것이 더 성경적이다.

주님은 베드로에게 '네가 이것들보다 나를 더 사랑하느냐?'고 물으셨다.

이 사람들이 아니라 사물을 가르치는 이것들이란 구체적으로 무엇을 의미하는가?

제자들의 삶의 터전인 갈릴리 바다를 의미한다. 지금 제자들 앞에 놓여 있는 방금 잡은 생선을 의미하기도 한다. 세상에서 출세와 명예를 추구하며 살아온 세상을 의미하기도 한다.

주님께서는 베드로에게 그런 것들보다 주님을 더 사랑하는지를 물으셨던 것이다.

3년 전에 주님이 베드로를 부를 때 '내가 너를 사람 낚는 어부가 되리라' 하고 불렀는데 베드로는 예수님이 십자가에서 죽자 허탈감에 빠져 그 사명을 버리고 고기 잡는 어부로 돌아갔던 것이다.

예수님의 질문은, '요한의 아들 시몬아, 네가 덧없는 이 세상보다 나를 더 귀하게 여기느냐?'는 질문이 될 수도 있다.

베드로는 대답했다.

"주여 그러하외다 내가 주를 사랑하는 줄 주께서 아시나이다"

"내 어린 양을 먹이라"

두 번째 가라사대

"요한의 아들 시몬아, 네가 나를 사랑하느냐?"

"주여, 그러하외다 내가 주를 사랑하는 줄 주께서 아시나이다"

"내 양을 치라"하시고

세 번째 "요한의 아들 시몬아, 네가 나를 사랑하느냐?"

베드로가 근심이 되었다.

"주여, 모든 것을 아시오매 내가 주를 사랑하는 줄을 주께서 아시나이다"

"내 양을 먹이라"

내 어린 양을 먹이라. 내 양을 치라. 내 양을 먹이라. 양을 3번 언급했다. 성경 원문에는 양이라고 부른 그 양이 다 다른 단어를 사용했다.

첫 번째 내 어린 양을 먹이라.

양 중에서도 특별히 어린 양, 갓 태어난 양을 말한다.

두 번째 내 양을 치라.

두 번째 언급한 내 양은 장성한 어른 양 보다는 작지만 성장한 양이다. 사람으로 말하면 청소년이다.

마지막으로 내 양을 치라고 말씀한 것은 발육이 정상적인 상태에 있는 양이다.

주님이 말씀하신 양은 갓 태어난 양에서부터 중간치를 거쳐 발육이 성장한 어른 양까지를 다 돌보라는 것이다. 갓 태어난 양은 어미가 돌보아야 살 수 있다.

사도 바울도 말했다.

"내가 너희를 젖으로 먹이고 밥으로 아니하였노니 이는 너희가 감당치 못하였음이거니와 지금도 못하리라"(고전 3:2).

젖을 먹는 신자는 성장하지 못한 신자, 항상 돌봄을 받아야 믿음을 유지하는 신자이다.

두 번째 양은 중간치 양이다. 사람으로 말하면 사춘기 청소년을 의미한다. 청소년은 반항기라고도 할 수 있다. 반항하는 그 영혼들도 돌봄을 받아야 한다.

세 번째 양은 다 성장한 양이다.

성장한 양도 그리스도의 장성한 분량에 이르기까지 성장하여야 한다. 주님은 이 다양한 양들을 돌보라는 것이다.

다음, 내 양을 먹인다는 동사 '보스코'(bosko)와 친다는 동사 '포이마이노'(poimaino)는 아무에게나 해당되는 단어가 아니다. 이 단어는 오직 목자에게만 사용하는 단어이다. 그것도 어설픈 목자가 아니라 전문 목자이어야 한다.

전문 목자는 자신의 양에게 좋은 꼴을 먹이는 목자다. 양들에게 독초를 먹이면 안 된다. 먹일 것이 없어서 톱밥을 먹이면 배탈이 나서 죽는다.

양을 치는 한 사람이 있었다. 그해에는 겨울이 유난히 길었다. 건초를 충분히 준비하지 못한 목자는 양들이 먹을 건초가 모자랐다. 목자는 양을 굶겨 죽일 수가 없어서 나무를 컨 톱밥을 양에게 먹였다. 그런데 봄이 오니 그 양들이 배탈이 나서 다 죽었다. 양들이 독초를 먹으면 죽는다.

어설픈 지도자가 사람의 영혼을 지옥으로 보내고 있다.

예수님은 내 양을 먹이라. 내 양을 치라고 하였다.

'먹이라! 치라!'는 단어는 전문 목자들이 사용하는 용어이다.

목양의 일은 주님을 사랑하는 마음이 없이는 할 수 없는 일이다. 세상의 많은 일들 중에 영혼을 다루는 일보다 중요한 일은 없다. 의사가 환자를 잘 못 다루면 그 생명을 잃게 된다. 목사가 영혼을 잘 못 다루면 그 영혼을 영원한 지옥으로 보낸다.

육신의 질병도 치료하기 힘들지만, 사람의 영혼과 인격의 결함들은 육신의 질병들보다 치료하기 더 어려운 것이다. 인간의 죄성(罪性)은 여러 종류의 암보다 더 무서운 질병이다. 그것은 뿌리 뽑히지 않는 질병과 같다. 그런 죄인들을 다루며 가르치며 책망하며 위로하며 돌보는 것이 목양이다. 그 일은 하나님을 사랑하는 마음과 성령의 능력이 아니고서는 할 수 없는 일이다. 그래서 야고보는 이렇게 말하였다.

"내 형제들아 너희는 선생된 우리가 더 큰 심판을 받을 줄을 알고 선생이 되지 말라"(약 3:1).

17

너희가 뉘 죄든지 사하면

사하여질 것이요

chapter 17
너희가 뉘 죄든지 사하면 사하여질 것이요

"예수께서 또 가라사대 **너희에게 평강이 있을지어다** 아버지께서 나를 보내신 것같이 **나도 너희를 보내노라** 이 말씀을 하시고 저희를 향하사 숨을 내쉬며 가라사대 **성령을 받으라 너희가 뉘 죄든지 사하면 사하여질 것이요 뉘 죄든지 그대로 두면 그대로 있으리라 하시니라**"(요 20:21-23).

예수님이 십자가에서 처형되고 예수의 제자들은 관원들이 무서워 방문을 잠그고 있을 때 부활하신 주님이 나타나셨다. 그리고 마지막 분부의 말씀을 하셨다.

1) 너희에게 평강이 있을지어다.

주님은 먼저 평강을 말씀했다. 평강은 전쟁이 없는 상태를 의미 한다. 우리는 내 마음 안에 전쟁이 없어야 평강이 임한다. 그 평강은 하늘로부터 오는 것이다.

2) 내가 너희를 보낸다.

주님이 제자들을 어디로 보내는가?

너희는 양이다. 너희가 가야할 곳은 이리가 있는 세상으로 가라는 것이다.

3) 숨을 내쉬며 성령을 받으라고 하였다.

성령을 받고 가야 한다. 성령 없이 가면 1년을 버티기가 힘들다.

4) **너희가 뉘 죄든지 사하면 사하여질 것이요 뉘 죄든지 그대로 두면 그대로 있으리라.**

이 말씀을 많은 사람들이 오해하고 또 난제라고 한다. 죄는 하나님만이 사할 수 있는데 내가 누구의 죄를 사할 수 있는가?

이단 목사들은 자기한테 와야 죄 사함 받는다고 한다.

"너희가 뉘 죄든지 사하면 사하여질 것이요,"

사하여진다는 말은 '풀다'라는 의미이다. 죄로 인하여 묶인 매듭을 푸는 것이다.

우리가 용서하면 죄의 매듭이 풀리고, 용서하지 않으면 죄의 매듭이 그대로 묶여 있다는 말씀이다.

지금 우리는 하나님과 우리 사이에도 죄로 인하여 많은 매듭이 묶여져 있다.

내가 누구에게 분노를 품거나 미워하고 있으면 자신의 마음에 매듭을 만드는 것이다. 분노가 강하면 강할수록 그 매듭은 단단하여 견고한 진이 된다. 견고한진 안에는 사탄이 그 진을 깨뜨리지 못하도록 막을 치고 있다. 그 매듭이 그 사람의 삶을 묶고 있는 것이다. 그 배후에는 악한 사탄이 매듭을 풀지 못하도록 더욱 조이고 있다.

용서는 이 모든 매듭을 푸는 것이다. 성령의 강력이 아니면 깨뜨릴 수 없는 그 진을 깨뜨리는 것이 용서이다.

죄로 인한 하나님과 막힌 담을 무너뜨려야 기도가 하늘에 상달된다.

우리가 이웃 간에 맺힌 매듭을 풀 때 하나님도 우리 죄를 다 용서하신다.

18

사랑은 끝까지 포기하지 않는다

chapter 18
사랑은 끝까지 포기하지 않는다

"저희가 조반 먹은 후에 예수께서 시몬 베드로에게 이르시되 요한의 아들 시몬아 네가 이 사람들보다 나를 더 사랑하느냐 하시니 가로되 주여 그러하외다 내가 주를 사랑하는 줄 주께서 아시나이다 가라사대 내 어린 양을 먹이라 하시고 또 두 번째 가라사대 요한의 아들 시몬아 네가 나를 사랑하느냐 하시니 가로되 주여, 그러하외다 내가 주를 사랑하는 줄 주께서 아시나이다 가라사대 내 양을 치라 하시고 세 번째 가라사대 요한의 아들 시몬아 네가 나를 사랑하느냐 하시니 주께서 세 번째 네가 나를 사랑하느냐 하시므로 베드로가 근심하여 가로되 주여 모든 것을 아시오매 내가 주를 사랑하는 줄을 주께서 아시나이다 예수께서 가라사대 내 양을 먹이라 내가 진실로 진실로 네게 이르노니 젊어서는 네가 스스로 띠 띠고 원하는 곳으로 다녔거니와 늙어서는 내 팔을 벌리리니 남이 네게 띠 띠우고 원치 아니하는 곳으로 데려가리라 이 말씀을 하심은 베드로가 어떠한 죽음으로 하나님께 영광을 돌릴 것을 가리키심이러라 이 말씀을 하시고 베드로에게 이르시되 나를 따르라 하시니 베드로가 돌이켜 예수의 사랑하시는 그 제자가 따르는 것을 보니 그는 만찬석에서 예수의 품에 의지하여 주여 주를 파는 자가 누구오니이까 묻던 자러라 이에 베드로가 그를 보고 예수께 여짜오되 주여 이 사람은 어떻게 되겠삽나이까 예수께서 가라사대 내가 올 때까지 그를 머물게 하고자 할지라도 네게 무슨 상관이냐 너는 나를 따르라 하시더라 이 말씀이 형제들에게 나가서 그 제자는 죽지 아니하겠다 하였으나 예수의 말씀은 그가 죽지 않겠다 하신 것이 아니라 내가 올 때까지 그를 머물게 하고자 할지라도 네게 무슨 상관이냐 하신 것이러라"(요 21:15-23).

6.25 전쟁이 끝나고 얼마 되지 아니한 때였다. 초등학교 5학년 담임인 최응식 선생님이 들어왔다. 그날은 담임선생님이 몹시 화가 났다. 그저께 산수 시험을 치렀는데 반 학생들이 60점 이상은 한두 명이고 전부 20점, 0점이 대부분이었다. 최 선생님의 불호령이 떨어졌다.

"반장, 부반장, 각 분단장 앞으로 나와!"

7명의 학생이 앞으로 나갔다.

최 선생님은 엄하게 말씀했다.

"반 학생들이 공부를 안 했으니 너희들이 대표로 매를 맞아야 한다. 모두들 밖에 나가서 너희들이 맞을 회초리 한 개씩을 만들어 와!"

일곱 아이들은 밖에 나가서 뽕나무 가지를 꺾어 자기가 맞을 회초리를 한 개씩 만들어 왔다.

최 선생님은 7개의 회초리를 받아 쥐고는 반장 아이에게 7개를 쥐어주었다.

"반장, 내가 너희들에게 공부를 잘못 가르쳤다. 네가 대표로 나를 때려라"

그리고는 하얀 종아리를 걷어붙이고 섰다.

반장 아이는 두려워하며 가만히 서 있었다.

선생님은 회초리를 뺏어서 부반장 아이에게 주었다.

"그러면 부반장이 나를 때린다".

부반장 아이도 부들부들 떨고 있었다.

"그러면 내가 나를 때린다."

최 선생님은 회초리를 뺏어 들었다. 그리고 자기 종아리를 힘껏 쳤다.

한 번 두 번 세 번! 순식간에 최 선생님의 하얀 종아리는 시커먼 피멍이 들었다.

그때까지 무서워 벌벌 떨고 있던 아이들은 약속이나 한 듯이 선생님에게 매달렸다.

"선생님, 잘못했어요. 공부할게요. 선생님!"

아이들은 선생님을 껴안고 회초리를 뺏었다. 자리에 앉아 있던 학생들도 우르르 뛰어나와서 "선생님!" 하고 부르며 울면서 팔에 매달렸다.

선생님의 노기가 가셨다.

"모두들 자리에 가서 앉아라!"

아이들은 자기 자리로 가서 앉았다. 책상에 엎디어 고개를 못 들었다.

최 선생님은 아무 말씀이 없었다. 창문 너머로 먼 산을 바라보시더니 무엇인가 생각하시며 그의 두 눈에서 눈물이 마룻바닥에 뚝뚝 떨어지는 것이였다. 그리고 한마디 독백 같은 말을 흘렸다.

"이 녀석들아! 공부를 해야지! 나라의 장래가 너희 손에 있다!"

그날 학생들도 울었다. 그 이야기를 들은 학부모도 울었다.

나라를 생각하는 사람, 생각이 있는 사람은 다 울었다.

나라를 생각하는 충정!

조국의 장래를 아이들에게 기대하는 선생님!

오늘날도 그러한 선생님이 없지는 않을 텐데 세상은 너무 많이 변했다.

예수의 제자 베드로는 누구보다도 예수를 사랑했다. 예수님은 십자가에 죽으시기 전날 밤 제자들에게 이런 말씀을 하였다.

"오늘 밤에 너희가 다 나를 버리리라 기록된바 내가 목자를 치리니 양의 떼가 흩어지리라 하였느니라"(마 26:31).

이 말에 베드로는 장담하였다.

"다 주를 버릴지라도 나는 언제든지 버리지 않겠나이다."

예수님은 베드로에게

"오늘 밤 닭 울기 전에 네가 세 번 나를 부인 하리라" 했다.

베드로는 다시 호언장담을 하였다.

"내가 주와 함께 죽을지언정 주를 부인하지 않겠나이다."

그날 밤 예수님은 대 제사장과 백성의 장로들이 보낸 무리에게 체포 되어 주었다. 그 삼엄한 분위기에 제자들은 흩어졌고 다 도망갔다. 마가복음을 기록한 마가는 잠자다가 바깥의 혼란스러운 소리에 잠이 깨서 홑이불을 두르고 나와서 잡혀가는 예수를 구경하다가 자신도 저렇게 체포당할까 두려워서 얼마나 급했는지 홑이불을 벗어 던지고 알몸으로 도망갔다고 했다.

베드로는 도망을 가다가 "그럴 수 없지!" 하고 되돌아와 예수님을 멀찍이 따라갔다. 예수님은 당시 대제사장 가야바의 장인 안나스에게 끌려갔다. 이 사람 안나스가 당시 이스라엘의 종교와 정치를 배후에서 원격 조종하고 있었다. 안나스는 예수를 대제사장 가야바에게로 보냈다. 베드로는 가야바의 뜰에서 모닥불을 쬐면서 예수가 어떻게 되나 동정을 살폈다. 사람들이 예수를 희롱하며 얼굴에 침 뱉고 주먹으로 쳤다. 베드로는 겁에 질려 있었다. 이때 작은 계집종이 나와서 베드로를 보고 말했다.

"너도 예수와 함께 있었지?"

베드로는 시치미를 뗐다.

"나는 너의 말하는 것이 무슨 말인지 모르겠다."

조금 있으니 다른 종이 나오더니 베드로를 보고 말했다.

"이 사람도 나사렛 예수당이다."

베드로는 또 부인하였다.

"나는 그 사람 모른다!"

그때 베드로의 음성이 두려워 떨렸다. 그리고 갈릴리 사투리의 억양은 예루살렘의 말씨와는 달랐다.

"야! 네 말소리를 들어보니 틀림없이 너도 예수당이야!"

그때 베드로는 예수를 모른다 하고 예수에 대해서 저주하고 욕했다. 그러자 새벽닭이 울었다. 그때 비로소 베드로는 "닭 울기 전 세 번 네가 나를 부인 하리라" 하는 예수님의 말씀이 생각나서 밖에 나가 심히 통곡하며 울었다.

한 사나이가 예수의 말씀이 생각나서 자기를 자책하며 울고 통곡하는 것을 상상해보라. 그 통곡하는 눈물을 하나님은 회개로 받으셨다. 이제 예수님은 십자가에서 죽었고 삼일 만에 부활하셨다. 베드로는 옛날 고기잡이 하던 그 갈릴리 바다로, 그 어부의 직업으로 돌아갔다. 어부 출신인 다른

사랑은 끝까지 포기하지 않는다

제자들도 그 바다로 돌아갔다.

부활하신 주님께서는 이미 그들을 만나고 이미 부탁한 사명이 있었다. "아버지께서 나를 보내신 것같이 나도 너희를 보내노라"(요 20:21).

그런데 그들은 아직 하나님 나라를 위하여 아무런 일을 하지 못했고, 하려 하지도 않았고, 할 의욕도 없었다. 그들은 먹을 것을 얻기 위해 고기나 잡으러 가자하고 바다로 나갔던 것이다.

"뚜렷한 목표와 목적이 없을 때 사람들은 그 행보를 방황이라고 부른다. 방황의 시간이 길고 방랑의 거리가 멀어질수록 그 삶이 지치고 고달파진다. 의미 없는 삶의 반복은 생의 고갈에 지나지 않는다."(이재철. 요한과 더불어) 바로 지금 베드로의 삶이 그러했다. 베드로는 다른 제자들과 함께 밤새도록 그물을 던지며 고기를 잡았으나 한 마리의 고기도 잡을 수 없었다. 그는 그물을 던지며 자신을 자책하였을 것이다.

"나 같은 놈이 주님의 제자라고!"
"그토록 사랑하던 주님을, 죽는 것이 두려워 모른다고 부인하다니! 더군다나 저주까지 하다니!"
"나 같은 놈!"
"내가 선생을 배신하고 팔은 가롯 유다와 무엇이 다른가!"

베드로는 그물을 이리저리 던지며 자책하며 괴로움에 사로잡혔을 것이다. 그러나 주님은 실패한 제자들을 만나러 고기 잡는 그 해변으로 찾아오셨다. 새벽녘에 부활하신 예수님이 해변에 서서 고기 잡는 제자들을 향하여 말을 건넸다.

"얘들아 너희에게 고기가 있느냐?"

제자들은 예수인 줄 알지 못하고 무심코 대답했다.

"없습니다."

"그물을 배 오른편에 던지라. 그리하면 얻으리라"

그물을 배 오른편에 던졌다. 그물을 들을 수 없을 정도로 고기가 많이 잡혔다. 그때 예수의 제자 요한이 말씀하신 그분이 예수인 것을 알았다.

"주님이시다."

이 말에 베드로의 귀가 번쩍 뜨였다. 너무 반가웠다. 베드로는 노를 저어 배를 해변에 댈 때까지 기다릴 수가 없었다. 그대로 물속으로 첨벙 뛰어들어 예수에게로 먼저 왔다. 그렇지만 할 말은 없었다. 사랑하는 선생을 배신했던 그 죄책감에 마음이 무거웠다. 그 해변에는 예수님이 이미 불을 피워놓았고 떡도 있었다. 그리고 제자들이 잡은 생선을 구워서 아침을 같이 먹었다. 조반을 먹은 후 예수는 베드로에게 말을 건넸다. 베드로의 본래 이름은 시몬이였다.

"요한의 아들 시몬아, 네가 이 사람들보다 나를 더 사랑하느냐?"

"주여 그러하외다 내가 주를 사랑하는 줄 주께서 아시나이다."

"내 어린양을 먹이라."

예수님은 두 번째 물으셨다.

"요한의 아들 시몬아, 네가 나를 사랑하느냐?"

"주여 그러하외다 내가 주를 사랑하는 줄 주께서 아시나이다."

"내 양을 치라."

예수님은 세 번째 물으셨다.

"요한의 아들 시몬아, 네가 나를 사랑하느냐?"

베드로는 이 세 번째 물음에 근심하면서 대답했다.

"주여 모든 것을 아시오매 내가 주를 사랑하는 줄을 주께서 아시나이다."

"내 양을 먹이라."

예수님이 대제사장 가야바에게 심문을 받을 때, 베드로는 주님의 면전에서 주님을 모른다고 3번이나 부인했었다. 그리고 새벽닭이 울고 예수님과 눈빛이 마주치면서 밖으로 뛰어나가 자신을 자책하며 통곡을 했지만, 자신에 대한 정죄감으로부터 자유할 수는 없었다.

간밤에도 베드로는 주님을 잊고 허망한 일에 몰두하고 있었다. 그런데 주님께서 다시 찾아오신 것이다. 주님 앞에서 베드로는 자신에 대한 절망감이 얼마나 컸을까?

'난 안 된다고!'

'난 어쩔 수 없다고!'

자포자기하며 존재감의 몰락에 몸부림을 하였을 것이다. 그런데 주님께서는 배신자이었던 베드로를 용서하시면서 다정스레 그의 이름을 불렀다.

"요한의 아들 시몬아!"

그것도 세 번씩이나 불러 주신 것이다.

내가 너를 이만큼 존중한다. 너는 너 자신을 용서하라.
나는 너의 회개를 받았고 나는 너를 용서하였다는 것이다.

용서는 위대한 사랑이다

프랑스의 정치가요 문학가인 빅토르 위고의 작품 중에 「레미제라블」이 있다. 「레미제라블」은 유럽에서 성경 다음으로 많이 읽혀지는 책이다. 그 책의 내용 중에 감명 깊은 일은 주교와 장 발잔의 이야기이다. 장발장은 어려서 부모를 잃었다. 장발장은 하나뿐인 출가한 누이의 집에서 살게 되었다. 그 누이에게는 나이 어린 자녀가 일곱이나 되었는데 가난한 삶을 살던 누이의 남편이 갑자기 죽었다. 누이의 자녀들은 제일 큰 아이가 여덟 살이고 연년생으로 일곱째인 막내는 이제 한 살이었다. 장발장은 혼자된 누이의 가족을 책임질 수밖에 없었다. 장발장은 아무리 열심히 일을 하여도 가난을 벗어날 수가 없었다. 어느 날 장발장은 집에 먹을 양식이 없다는 것을 알았다. 장발장은 빵집 앞을 지나다가 유리를 깨고 빵을 훔쳐 달아났으나 곧 붙잡혔고 재판을 받았다. 그에게 빵을 훔친 죄로 5년의 징역형이 언도되었다. 형기가 거의 마칠 무렵 그는 탈출할 기회가 생겨서 탈출했다. 그러나 다시 체포되었다. 형량은 가중되어서 8년으로 늘어났다. 그는 몇 번 탈출을 했지만, 이내 붙잡혀서 감옥으로 돌아와야 했다. 그럴 때마다 형량은 가중되었다. 장발장이 빵을 훔치고 처음 감옥을 들어올 때만

하여도 그는 좋은 인간성을 지니고 있었다. 그러나 탈출하고 붙잡히고 형량이 가중될 때마다 그의 마음은 비뚤어지고 있었다. 결국 그는 배가 고파서 빵 하나를 훔쳤다가 19년의 감옥살이를 하고 출옥하게 되었다.

장발장은 감옥에서 출교하자 수도사들이 경영하는 죄수들을 위한 학교에 입학하여 사회생활에 필요한 공부를 하고 있었다. 그곳에서 장발장은 주교가 사용하는 은그릇에 유혹을 받고 밤에 사제관의 집에 들어가 은접시를 훔쳐서 도주하였다. 도망가다가 헌병의 심문을 받았다. 장발장은 이 은그릇은 주교가 자기에게 준 선물이라고 거짓말을 했다.

세 사람의 헌병들은 장발장의 멱살을 잡고 주교 앞으로 왔다. 주교는 장발장이 사제관의 은그릇을 훔쳐서 도망갔다는 사실을 이미 알고 있었다.

주교는 장발장을 보자 외쳤다.

"이게 웬일이요. 다시 만나게 되어 잘됐소. 나는 당신에게 촛대도 주었는데 그것도 역시 다른 것과 마찬가지로 은이니까 200프랑은 받을 수 있을 거요. 왜 당신에게 준 촛대와 함께 가지고 가지 않았소?"

장발장은 인간의 그 어떤 말로 설명하기 어려운 표정을 지으며 이 거룩한 주교를 바라보았다. 옆에 있던 헌병 반장이 주교에게 말했다.

"주교님, 이 사나이가 한 말은 정말이었습니까? 저희들은 이 사나이와 마주쳤는데 도망치듯 걸어가고 있었습니다. 그래서 조사를 했더니 이 은그릇을 가지고 있었습니다. 주교님이 이 은그릇을 주신 것이라면 그냥 보내도 좋겠군요."

헌병들은 장발장을 남겨두고 갔다.

장발장은 기어 들어가는 목소리로 주교에게 말했다.

"나는 정말로 놓임 받는 것입니까?"

"잠깐만 기다리시오. 당신에게 주었던 촛대가 여기 있으니 가지고 가시오."

주교는 벽난로 곁에 있던 두 개의 은촛대도 주었다.

주교는 장발장에게 그 영혼을 사랑하는 마음으로 말했다.

"잊어버려서는 안 되오. 결코 잊어버려서는 안 되오. 이 은그릇, 은촛대로 인해서 들어오는 돈은 당신이 정직한 인간이 되기 위한 일에 쓰시오. 내 형제 장발장! 당신은 이제 악에 사는 것이 아니라 선에 사는 것이오. 나는 당신의 영혼을 암담한 생각과 파멸의 정신에서 끌어내어 하나님께 바치려는 것입니다."

장발장은 주교의 자비와 사랑으로 이제까지 품고 있던 모든 적개심과 굳은 마음이 녹아내렸다. 그는 오랫동안 뜨거운 눈물을 흘리며 흐느끼며 울었다. 여자보다도 연약해지고 어린아이보다 무서움에 떨면서 울었다. 울고 있는 동안에 그의 머릿속은 밝아왔다. 한 줄기 빛을 보고 있었다. 그는 새로 태어났다. 그는 하나님 앞에 무릎을 꿇고 기도하는 사람으로 변화되었고 그의 인생은 새 사람으로 반전되었다. 그를 새 사람으로 만들려고 한 주교의 소망을 장 발잔은 삶으로 실현했다.

법에 의한 엄중한 심판과 형벌이 사람을 사람답게 만드는 것은 아니다. 허물을 덮어주는 것과 용서와 사랑만이 사람을 개과시킬 수 있다.

기독교 용어에서 많이 사용하는 단어가 사랑, 구속, 속죄 그리고 용서라는 단어이다. 히브리어로 기록되어진 구약 성경에서 '카팔'이라는 단어의 뜻은 '덮어준다'의 뜻으로 쓰이면서 동시에 '용서한다', '사죄한다', '속죄한다'의 뜻으로 사용되고 있다. 허물을 덮어주는 일은 예수 그리스도의 '구속'과 같은 의미를 가진 단어이다.

사랑은 오래 참는다(고전 13:4)

'참는다'의 의미는 헬라어로 '스테고'라고 하는데 지붕이라는 뜻의 '스테게'에서 온 말로 지붕과 같이 '덮어준다', '넘어간다'는 뜻이다. 눈과 비를 지붕이 막아서 덮어주듯, 다른 사람의 허물을 덮어주고 비난을 막아주고 넘어가는 것이 오래 참는 사랑이다.

"사람은 자신이 사랑받고 있다는 느낌이 마음에 밀려올 때 그때에 마음이 변화되고 감동이 온다. 무엇보다도 사람에게 중요한 것은 사랑하는 마음과 사랑받는 마음이다."(제시카 윤. 덮은 우물 P214)

베드로는 주님이 네가 나를 사랑하느냐? 세 번씩이나 묻는 말에 근심이 되었다. 여기 근심이라는 루페오(lupeo) 단어는 단순히 근심하다는 차원이 아니라 가슴이 찢어지게 아프다는 의미다. 베드로의 가슴은 찢어질 듯이 아팠다. 주님을 배신했던 자신이 괴로웠다. 사람 낚는 어부가 아니라 고기 잡는 어부로 돌아온 간밤의 일도 부끄러웠다.

 예수님은 그 베드로를 책망하지 않았다. 베드로의 충정을 아셨다. 그가 악해서 예수를 배반한 것이 아니고 험악한 분위기에 마음이 약하여졌고 그 삼엄했던 분위기를 아셨다. 흙에서 지음 받은 인간의 체질을 아셨다. 예수님은 베드로가 통곡하며 회개하던 눈물을 보았고, 이미 그를 용서하였다. 그러므로 베드로에게 또 한 번 기대를 한다.
"내 양을 먹이라."
 예수님은 허물 많은 베드로를 용서하시고, 그의 '피로 사신 양', 가장 귀한 그 양을 먹이고 그 양을 치라고 말씀했다.

 나에게는 정말 예수를 사랑하는 마음이 있는가? 나를 위한 그분의 대속의 죽음을 감사하고 그분을 위해서 내 생명 바치어 보겠다는 뜨거운 가슴이 있는가? 아니면 덤덤한 마음인가? 우리의 식어진 가슴, 냉랭한 가슴에 불을 달라고 기도하여야 한다.

 내가 잘했던 잘못했던 주님께서 내 중심을 아신다. 사람의 마음을 창조하신 주님은 마음의 생각을 읽으시는 분이시다. 내가 실패했어도 정말 내가 예수님이 싫어서 실패했는지 내가 약해서 실패했는지 주님이 아신다. 내가 주님에게 충성하고 싶었으나 환경에 매인 것도 아신다.

'주여, 내가 잘못했습니다.'하는 입술로 주님 앞에 나오면, 나를 사랑하시는 주님은 나에게 또 한 번 기대를 갖는다.

"그래! 잘해라. 나를 사랑하는 뜨거운 충정이 있어야 한다. 나를 목숨을 다하여 사랑하여야 한다. 나는 너를 사랑한다! 나는 너에게 기대한다! 나는 너를 포기하지 않을 것이다! 내 사랑은 변함없다! 의심하지 말고 믿으라."

주님은 나에게 소원을 가지고 계신다. 예수 똑바로 믿고 천국 들어오기를 소원하시는 주님이시다. 주님은 내가 죽음의 문턱에서도 회개하고 돌아오기를 기다리시는 주님이시다. 주님이 나에 대한 사랑은 끝까지 기대하고 끝까지 소망을 갖는 사랑이시다.

사랑은 끝까지 포기하지 않는 것이다. 사랑은 원망하지 않는다. 사랑은 지난날의 허물을 기억하지 않는다. 사랑은 끝까지 기대하는 것이다. 사랑은 용서하고 그에 대하여 소망을 갖는 것이다.

만약 예수님이 베드로를 책망했다면 베드로는 대 사도가 되지는 못했을 것이다.

"봐라 내가 너를 사탄이라고 하지 않았느냐? 네가 나를 세 번씩이나 모른다고 부인할 수 있니? 네가 나에게 저주까지 할 수는 없잖아!"

예수님은 베드로에게 그런 말씀 안 했다. 예수님은 베드로의 마음을 아셨다. 주님은 그 베드로에게 당신의 피로써 사신 양 무리를 맡겼다.

"내 양을 먹이라. 내 양을 치라. 내 양은 내 생명과 바꾼 양이다. 이 양 무리를 너에게 맡긴다."

'예수님은 회개하는 심령을 받으신다. 주여 내가 잘못했습니다. 하는 그 말 한마디로 나의 죄를 깊은 바다에 던지시고 기억치 않으시는 주님이시다.'

"여호와께서 말씀하시되 오라 우리가 서로 변론하자 너희 죄가 주홍 같을 지라도 눈과 같이 희어질 것이요 진홍같이 붉을지라도 양털같이 되리라"(사 1:18).

"나 곧 나는 나를 위하여 네 허물을 도말하는 자니 네 죄를 기억지 아니하리라"(사 43:25).

"동이 서에서 먼 것 같이 우리 죄과를 우리에게서 멀리 옮기셨으며"(시 103:12).

"아비가 자식을 불쌍히 여김 같이 여호와께서 자기를 경외하는 자를 불쌍히 여기시나니"(시 103:13).

우리는 주님이 용서한 죄를 내가 다시 끄집어내고 자신을 자책하는 일을 한다. 그렇다면 율법의 영에 붙들린 것이다. 율법의 영은 정죄의 영이다. 율법의 영에 붙잡힌 사람은 예수님의 용서를 믿지 못하는 의심의 영이며 이것은 사탄으로부터 오는 것이다.

예수님은 베드로에게 이렇게 말씀했다.

"내가 진실로 진실로 네게 이르노니 젊어서는 네가 스스로 띠 띠고 원하는 곳으로 다녔거니와 늙어서는 내 팔을 벌리리니 남이 네게 띠 띠우고 원치 아니하는 곳으로 데려가리라 이 말씀을 하심은 베드로가 어떠한 죽음으로 하나님께 영광을 돌릴 것을 가리키심이러라"(요 21:18-19).

폭군 네로에 의한 기독교 대박해가 시작되었을 때 베드로는 로마에 있었다. 로마 당국이 당시 기독교의 우두머리격인 베드로의 색출에 혈안이 된 그 시기에 많은 사람들이 베드로에게 로마를 떠나 피신할 것을 권하였다. 베드로는 그들의 권유를 받아들여 변장을 하고 도주한다. 그런데 외경 베드로행전 35장에 이렇게 기록하고 있다.

"베드로가 성문에 다다랐을 때에 베드로는 주님께서 로마로 들어오시는 것을 보았습니다. 베드로가 주님을 향해 주여 어디로 가시나이까? 하고 물었습니다.
주님께서 베드로에게 대답하였습니다.
나는 다시 십자가에 못 박히기 위하여 로마로 들어간단다.
베드로가 주님께 다시 물었습니다.

주여 주님께서 또 다시 십자가에 못 박히실 작정이란 말입니까?

주님께서 베드로에게 말씀하셨습니다.

그렇단다. 베드로야, 내가 또 십자가에 못 박혀 죽을 수밖에 없구나.

그때 베드로는 정신이 들었습니다.

베드로는 크게 기뻐하며 주님을 찬미하면서 로마로 되돌아갔습니다.

내가 십자가에 못 박힌다고 주님께서 말씀하신 것은 바로 베드로 자신에게 일어나야 할 일임을 깨달았기 때문이었습니다."

베드로는 로마에서 체포되고 십자가에서 거꾸로 매달려 순교하였다고 전해진다.

예수님이 베드로의 미래에 대해서 의미심장한 말씀을 하자 옆에 있던 요한은 어떻게 될까 궁금했다. 그래서 물었다.

"주여, 이 사람은 어떻게 되겠습니까?"(요 21:21)

그때까지만 하여도 여전히 베드로는 주님보다는 사람을 더 의식하고 있었던 것이다.

베드로의 질문에 주님은 이렇게 대답하였다.

"내가 올 때까지 그를 머물게 하고자 할지라도 네게 무슨 상관이냐? 너는 나를 따르라"

남과 비교하여 상대적으로 주님을 따르려고 하지 말고 절대 진리이신 주님을 절대적으로 따르라는 의미의 말씀이다.

우리 신앙이 상대적이면 안된다. 남과 비교하여 경쟁의식을 가져도 안되고, 시기 질투를 하여도 안되고, 우리는 언제나 하나님과 나와의 절대적 관계에서 믿음 생활을 하는 것이다.

참고 도서

아더 핑크 지상우 옮김. 요한복음강해 크리스천다이제스트 2017

이재철. 요한과 더불어 홍성사 2016

곽선희. 은혜와 진리의 대화 양서각 1986

곽선희. 사랑과 진리의 대화 양서각 1986

제시카 윤. 덮은 우물 밀알서원 2018

한 홍. 홈 스위트 홈 두란노 2016

조정민. 고난이 선물이다 두란노 2019

이어령. 빵만으로 만은 살 수 없다 열림원 2012

예수가 그 성전이다

초판 1쇄 발행 2021. 12. 25.

지은이   한의택
펴낸이   박성숙
펴낸곳   도서출판 예루살렘
주 소   10252 경기도 고양시 일산동구 고봉로 776-92
전 화   031-976-8970
팩 스   031-976-8971
이메일   jerusalem80@naver.com
등 록   (제59호) 2010년 1월 18일
창립일   1980년 5월 24일

ISBN   978-89-7210-567-1 03230
책값은 뒤표지에 있습니다.

도서출판 예루살렘은 말씀과 성령 안에서 기도로 시작하며
영혼이 풍요로워지는 책을 만드는 데 힘쓰고 있습니다.

나의 힘이신 여호와여 내가 주를 사랑하나이다(시 18:1)

한의택 목사의 저서 1
네 영혼을 관리하라
신국판 / 170면 / 9,000원

사역보다 자신의 영혼을 관리하는 것이 중요하다. 한의택 목사는 말씀의 기근이 닥쳐온 이 시대 가운데 더욱더 자신의 영혼을 관리하는 일에 힘써야 한다고 주장한다. 이 책은 현대 교회들이 다루지 않는 다루기 민감한 소재인 천국과 지옥, 마귀와 귀신들을 다루고 있다. 하나님을 제대로 알고, 영적으로 성장해야 한다. 영적인 세계에 대한 더 깊은 통찰들이 담겨진 이 책은, 하나님 나라의 확장과 영혼 구원을 위해 귀한 도구로 사용될 것을 기대한다.

한의택 목사의 저서 2

성막과 절기를 알면 예수가 보인다

신국판 / 308면 / 12,000원

성막은 연구할수록 심오하고 풍성한 진리의 산실이다. 성막을 통하여 예수 그리스도의 십자가의 구속, 중생, 성화, 봉사론, 직분론, 기도론 등에 대하여 하나님의 뜻을 계시하고 있다. 또한 성막에는 예나 지금이나 변함없는 지고한 하나님의 법의 정신이 신약을 살아가는 우리의 삶의 태도와 방향을 제시하고 있다. 또한 성경에 나오는 절기(유월절, 무교절, 초실절, 칠칠절, 오순절, 성령 강림절, 초막절, 장막절, 나팔절, 수장절, 부림절, 수전절, 희년)들을 분류하고 그 절기의 구속사적 의미를 설명하여 신약을 살아가는 현대인들이 이해하여 적용할 수 있도록 하였다.

한의택 목사의 저서 3

천국가는 사람들, 지옥가는 사람들

신국판 / 128면 / 8,000원

저자는 많은 사람들이 잘못된 교단 교리에 속고, 잘못된 교회 전통에 속고, 잘못 배운 지도자들에게 속고, 마귀에게 속고 그러다가 결국 구원에서 낙오되는 것이 너무나 안타까운 마음에서 이 책을 쓰게 되었다. 잘못된 신앙의 궤도를 수정하여 바른 신앙의 궤도로 안내하며, 천국과 지옥에 대한 바른 이해를 갖게 한다. 그 내용으로는, 회개와 믿음으로 사는 삶만이 천국 가는 길입니다 / 부르짖는 기도로 성령충만을 구하십시오 / 최고의 은사 사랑을 구하십시오 / 마귀에게 속지 마십시오 / 겸손하십시오 / 천국도 지옥도 있습니다